Hermann Kurz

Streifzüge in Literatur und Geschichte zu Shakspeares Leben und

Schaffen

Altes und Neues

Hermann Kurz

Streifzüge in Literatur und Geschichte zu Shakspeares Leben und Schaffen
Altes und Neues

ISBN/EAN: 9783743600591

Hergestellt in Europa, USA, Kanada, Australien, Japan

Cover: Foto ©ninafisch / pixelio.de

Weitere Bücher finden Sie auf **www.hansebooks.com**

Streifzüge

in

Literatur und Geschichte.

Von

Hermann Kurz.

Erstes Bändchen.

München.
Carl Merhoff's Verlag.
1868.

Zu Shakspeare's
Leben und Schaffen.

Altes und Neues

von

Hermann Kurz.

Erstes Bändchen.

München.
Carl Merhoff's Verlag.
1868.

Inhalt.

„Kurzer Lebensbegriff des Willhelm Shakspeare" —
dieser Titel, welchen Eschenburg über den Eingang des ersten
Bandes seiner Uebersetzung schrieb, könnte noch immer füglich
auch der ausgesponnensten Biographie unseres Dichters bei=
gelegt werden; denn kurz ja ist der wirkliche Lebensinhalt,
den eine wie die andere in sich begreifen kann. Ein ver=
schütteter Koloß liegt dieses Lebensbild vor uns: fast nur
Kopf, Brust und rechte Hand sichtbar, freilich des Körpers
Edelstes; der Rest bis auf ein paar zerstreute Trümmer
noch begraben oder ganz verloren; und zum Ueberflusse
hat die Fälschungsindustrie, welche sich so gerne bei Heilig=
thümern jeder Art einnistet, unechte Glieder oder Gewand=
brocken zu Markte gebracht, die von einer fortgeschritteneren
Untersuchung wieder weggeworfen werden mußten.

Und dennoch hielt die Forschung mit Recht stets den
Glauben fest, daß die Zeit noch Manches an das Licht för=
dern werde, was theils bisherige Vermuthungen zu be=
stätigen, theils neue und unerwartete Aufschlüsse herbeizu=
führen geeignet sei. Sind ja doch selbst die vorhandenen
Materialien, ja des Dichters eigene Werke, noch nicht nach
allen Seiten so erschöpfend durchforscht, daß nicht irgendwo
aus einer Nachricht oder Andeutung eine noch ungehobene
Stufe mehr oder weniger dankbaren Metalls hervorblinkte,
daß nicht z. B. dem Epilog des zweiten Theils von Hein=

rich IV. ein vielen Streit beendigender Beitrag zur Geschichte Falstaff's abzufragen wäre. Aber auch die Auffindung
noch ungekannter Acten mit neuen Vorgängen, Verhältnissen
und Beziehungen lag und liegt nicht außerhalb des Reichs
der Möglichkeit; und so hat es sich denn in der That gefügt, daß ein zuvor nicht vollständig aufgedeckter Schnitzel
deutscher Provinzialgeschichte unmittelbar in einen beträchtlichen Abschnitt der Shakspearologie hinüber leitet; ein
günstiges Vorzeichen, wie wir hoffen wollen, für weitere und
größere Entdeckungen in der Heimath des Dichters selbst.

Die nachfolgende Ausführung unternimmt es zunächst,
einem urkundenmäßigen Befunde mömpelgartisch-wirtenbergi-
scher Begebenheiten das volle Verständniß einer bis jetzt
räthselhaft gebliebenen Shakspeare'schen Episode abzugewinnen.
Im Zusammenhang hiemit ergibt sich die Erklärung einer
andern Stelle, die noch zur Stunde des Lesers rathbedürf-
tige Neugier auf die Folter spannt. Im gleichen Verlaufe
endlich gelangen wir zu dem Ergebniß, für einige der ge-
feiertsten Dramen des großen Britten einen genau datirten
Geburtsschein beibringen und ihre ersten Schicksale einigermaßen enthüllen, theilweise wenigstens sicherer, als bis daher
geschehen ist, feststellen zu können. Dies der Inhalt dieses
ersten Theils.

Die Geschichtserzählung, mit welcher wir beginnen
müssen, hat, obschon „All is true" im strengsten Sinn des
Wortes, dennoch eine gewisse Aehnlichkeit mit einem Roman.
Nicht nur daß sie eine Reihe Begebnisse enthält, worin
Nahes und Fernes, Kleines und Großes, Menschenloos und
Menschenlaune sich merkwürdig verketten, sondern sie kommt
noch überdies mit einem der beliebtesten Kunstgriffe der hi-
storisch-poetischen Erzählung darin überein, daß sie von einem

entfernten Punkte ausgeht, um allmählich auf scheinbaren Um=
wegen sich dem Pol zu nähern, nach welchem sie von An=
fang an gerichtet ist. Den Inhalt aber verbankt sie rein
ihrem Gegenstande, und auch die Form ist keineswegs der
Kunst abgelauscht, sondern durch den Stoff selbst unabweislich
geboten. In unsern Acten gehen zwei sich völlig fremde
Welten, deren Rangverhältnisse der Lauf der Jahrhunderte
umgekehrt hat, durch einen humoristischen Zufallsfaden ver=
knüpft neben einander her, eine Strecke weit zusammentreffend
und wechselsweise eine die andere beleuchtend: um also diesen
Berührungspunkt zu verstehen, müssen wir zuerst den einen
der beiden vorgesteckten Wege einschlagen und so lange aus=
schließlich verfolgen, bis er sich mit dem andern kreuzt.

Es ist der schmale Pfad, von welchem gesagt ist, daß
er zum erwünschten Ziele führe. Freilich muß er erst noch
gebahnt werden, indem die Darstellung sich genöthigt sieht,
den Kern des geschichtlichen Thatbestandes meist kritisch aus
dem Urkundenmaterial heraus zu schälen. Auch dieses Ver=
fahren ist, wie die Acten zeigen werden, durch die Natur
des Stoffes bedingt. Es soll jedoch dem Leser hoffentlich
wenig Mühe machen, und dürfte sich schließlich durch die
Wahrnehmung belohnen, wie auch hier wieder einmal ge=
treue Hingebung an das Kleine ein Mittel wird, im Großen
weiter zu kommen.

Die Quellen unserer Eingangserzählung sind:

1. Die bekannte Badenfahrt, d. h. die unter diesem
Titel 1602 in Tübingen erschienene Beschreibung der 1592
unternommenen englischen Reise des Grafen Friedrich von
Wirtenberg=Mömpelgart, verfaßt von seinem Kammersecre=
tarius (geh. Cabinetssecretär) und Reisebegleiter Jacob Rath=
geb. Das Buch ist bibliographisch so oft und viel beschrieben,

daß man den Raum für den langen Titel hier sparen kann.
Bei diesem hatte ohne Zweifel der Drucker und Heraus=
geber, Professor Erhard Cellius, die Hand im Spiel, der
in einem Titelvers den Namen der Schrift aus einem den
Reisenden zugestoßenen gefährlichen Sturm erklären will,
worin sie „auf dem Meer gebadet" worden seien. Der Ver=
fasser macht den ungesalzenen Einfall im Vorwort gut, wo
er den Gegenstand seiner Beschreibung einer Badereise (Baden=
fahrt nach damaligem Sprachgebrauche) vergleicht, auf welcher
man fremde Personen und Merkwürdigkeiten mancher Art
kennen lerne. — Daß Exemplare der Badenfahrt bald nach
ihrem Erscheinen in England waren, darf man versichert
sein: die Schrift war nämlich, wie sich ihres Orts ergeben
wird, bestimmt, daselbst eine gewisse Wirkung hervorzu=
bringen. Aus diesem Umstande kann es abgeleitet werden,
daß sie in ihrer Eigenschaft als Commentar zu Shakspeare
erstmals von einem Engländer zur Sprache gebracht worden
ist. Der verdiente Veteran der Shakspeare=Erklärung,
Mr. Charles Knight, hat schon vor mehr als zwanzig
Jahren den Schlüssel zu einem Shakspeare'schen Räthsel
in dieser Schrift gesucht, ohne jedoch — in Ermanglung an=
derer erst jetzt zu Gebote stehender Quellen — das Räthsel
befriedigend zu lösen, indem er nur den Namen, nicht die
Sache rieth. Die Badenfahrt ist übrigens in einem Deutsch
geschrieben, das ein Engländer schwerlich ohne deutsche Bei=
hülfe entziffern konnte, daher auch die Entdeckung dieses
Commentars, die ja ohne näheres Verständniß der Sprache
kaum möglich war, eher von einem Deutschen, und zwar
schwäbischen Stammes, herzurühren scheint, der die Bekannt=
schaft mit dem Schriftchen wohl nicht erst in London, son=
dern schon auf einer der Bibliotheken von Stuttgart oder

Tübingen gemacht hatte. Behalten wir daher diesem un=
bekannten Landsmann sein muthmaßliches Recht auf dessen
erste Herbeiziehung vor.

2. Der Gesandtschaftsbericht des 1595 von Herzog Fried=
rich von Wirtenberg an Königin Elisabeth von England
abgefertigten Hans Jacob Breuning von Buchenbach,
unlängst vom Literarischen Verein (LXXXI.) veröffentlicht.

3. Ein Schreiben des Herzogs an Lord Burghley
vom 14. Juli 1595, im British Museum; das Concept
im K. Haus= und Staatsarchiv zu Stuttgart.

4. Wirtenbergische Urkunden in „England as seen by
foreigners in the days of Elizabeth and James I., com-
prising translations of the journals of the two dukes
of Wirtemberg in 1592 and 1610; both illustrative of
Shakpeare. By William Brenchley Rye. London 1865."
Diesem Berichterstatter standen die erste und dritte Quelle
zu Gebot, nicht aber die zweite, daher auch ihm der frag=
liche Sachverhalt im Hauptpunkte unverständlich blieb.

5. Quellenmäßige Angaben bei Sattler (Geschichte
des Herzogthums Würtenberg unter der Regierung der Her=
zogen), der auch hin und wieder als Hülfsmittel benützt
worden ist.

6. Desgleichen in den „Éphémérides du comté de
Montbéliard par M. Duvernoy, Besançon 1832", einem
in Wirtenberg wenig bekannten Geschichtskalender, der manche
dankenswerthe Züge wirtenbergisch=mömpelgartischer Geschichte
enthält.

7. Endlich, last not least, Shakspeare. Diesmal
ist er nicht bloß Ursache, daß andere Leute commentiren,
diesmal commentirt er selbst, was ohne ihn in alten Be=
richten und Geschichten dunkel oder lückenhaft geblieben wäre.

Es ist ein seltener Humor des Zufalls, der den alten trocke=
nen Sattler zum entfernten Shakspeare=Commentator stem=
pelt und zugleich den Schwan vom Avon unmittelbar in
die Reihe wirtenbergischer Geschichtsquellen eintreten läßt.

Die genannten Quellen sollen wiederholt jeweils an der
Stelle, wo eine zur Sprache kommt, namhaft gemacht und
eben so weiterhin sonstige Quellen und Hülfsmittel ange=
geben werden.

Und so treten wir denn, „mit bedächtiger Schnelle",
den Weg von Mömpelgart nach Windsor an.

1.

Von Mömpelgart nach Windsor.

Herzog Friedrich I. von Wirtenberg war der Neffe des aus Roman und Geschichte bekannten Herzogs Ulrich, obgleich seine Zeit durch mehr als ein Menschenalter von seines Oheims Zeit geschieden ist; denn wie dieser als werbender Jüngling am Eingang, so steht Friedrich als fertiger Mann, sieben Jahre älter denn Shakspeare, welchem er unter die Feder zu kommen ersehen war, am Ausgang des 16. Jahrhunderts. Erst nach Ulrich's Tode wurde dessen Bruder Graf Georg von Mömpelgart durch Herzog Christoph zur Gründung einer Familie bewogen, so daß sein einziger überlebender Mannssprosse nicht bloß des Oheims, den er nie geschaut hatte, sondern auch des Oheimssohnes und des Oheimsenkels Neffe oder jüngerer Vetter blieb. Bald nach der Geburt verwaist, wurde der kleine Graf Friedrich an den Hof seines in der Neige der Tage stehenden Geschwisterkindes Christoph gebracht, wo er eine der Sitte der Zeit gemäß streng geregelte Auferziehung genoß und jeden Abend im fürstlichen Familiengemach erscheinen mußte, um dem Herzog, der Herzogin, dem Erbherzog Ludwig und den Prinzessinnen in wohlgesetzten Worten gute Nacht zu sagen.*) Christoph hinterließ

*) Duvernoy Éphémérides etc. p. 298.

ihn als Mündel der Regentschaft seines gleichfalls minder-
jährigen Sohnes, der sodann nach Antritt der Regierung
selbst noch einige Jahre lang sein Vormund war. Gewiß
nicht gewöhnliche Altersverhältnisse. Doch ist es als noch
merkwürdiger verzeichnet, daß Friedrich in der Lebensdauer
mit seinem Vater Georg zusammen, obgleich beide nicht alt
wurden, drei Jahrhunderte berührt. In ihm aber gährte
der Geist einer neuen Zeit, der die Altväterlichkeit des Vaters und der wirtenbergischen Vettern weit überflog, ein Geist
jedoch, der bei seinem Geschichtschreiber Sattler, unserem so
loyalen und obendrein durch Herzog Karl's Censur so viel-
geprüften Land- und Haushistoriker, blutwenig Gnade findet. *)

Volljährig geworden erbte er von seinem Vater die einst
durch Heirath an Wirtenberg gekommene Grafschaft Mömpelgart, die er so staatsstreichsgewaltig **) regierte, daß in

*) Sattler Herz. I, 23. V, 146. 153. 162. 176. 194. 230. 269.
Er läßt seine Neigung zu den Wissenschaften gelten, tadelt mit Recht
nur mäßig den Hang zur Alchymie, welchen Friedrich mit den
meisten Fürsten seiner Zeit gemein hatte, rügt aber desto stärker
seine Nichtachtung beschworner Landesverträge, seine Verschwendung,
seine Eitelkeit (im Text und im Register), seine Neuerungsliebe,
seine Ausländerei. Von seinen Unternehmungen sagt er S. 154,
er habe selten die rechten Mittel dabei ergriffen, und über seine
Ehrsucht bemerkt er S. 146, er habe einen Ruhm in Dingen gesucht, die ihm die wahre Ehre nicht gewähren konnten. In der
erstgenannten Stelle I, 23 aber gibt er ihm geradezu das Zeugniß,
daß er nicht in die Fußstapfen seines Vaters und Vormünders,
sondern in die seines Vetters Eberhard (des jüngeren) getreten sei.
Von Sattler's Standpunkt ist dies das Härteste, was er sagen
konnte: es ist ein ausgemachtes Verdammungsurtheil, und dieses
beeilt er sich gleich auf den ersten Blättern seiner Herzogsgeschichte
auszusprechen.
**) Duvernoy p. 164—65. 469.

gewissem Sinne auf ihn gepaßt hätte, was von einem seiner
Epigonen gesagt worden ist, er sei darauf angelegt, größere
Staaten zu beherrschen als diejenigen, welche die Vorsehung
seiner Sorgfalt anvertraut habe. An Muth fehlte es ihm
nicht, wie er denn einst auf der Jagd bei Blamont, nur von
einer einzigen Dogge begleitet, eine ungeheure Bärin bestand
und mit seiner Schweinsfeder erlegte. In Wirtenberg jedoch sah man mit Herzklopfen dem Augenblick entgegen, der
ihn zum Nachfolger des kinderlosen Vetters machen sollte,
und Herzog Ludwig selbst befliß sich im Verein mit seinen
Räthen Verfassungsschanzen aufzuführen, die nach seinem
Tode die Landesfreiheit schützen sollten, in der Folge jedoch
nicht völlig Stand gehalten haben; nur daß auch ihre Ver-
letzung dem Kronjuristen des Gewaltherrschers den Kopf gekostet hat.

Hochfliegend, wie er war, erhob sich Graf Friedrich
von Mömpelgart am 10. Juli 1592, trotz der damals in
London herrschenden Pest, mit einem Gefolge von fünfzehn
Personen nach England, um der Königin Elisabeth seinen
Besuch zu machen und ihr einen Wunsch ans Herz zu legen,
der in unserer offiziellen Quelle, der Badenfahrt, vorderhand
ein Geheimniß bleibt. Das Haus, welchem der Graf angehörte, war ihr nicht fremd. Hatte doch Herzog Christoph
vor achtundzwanzig Jahren, in protestantischem, deutschem
und wirtenbergischem Interesse, seinen Rath Asverus Allinga
zu ihr gesandt, um sie zur Heirath mit Kaiser Ferdinand's
Sohne Erzherzog Carl zu überreden, und die jungfräuliche
Königin hatte diesen Versuch, sie unter die Haube zu bringen, sehr wohl aufgenommen, obgleich nichts aus der Sache
wurde. Mit Herzog Ludwig war sie gleichfalls hin und
wieder in Verkehr gestanden. So fand denn auch Graf

Friedrich zu Reading, wo sie gerade ihr Hoflager hatte, eine
freundliche Aufnahme. Die Badenfahrt sagt ahnungsvoll
den Namen radbrechend: kaum angekommen, sei er von
einem der vornehmsten Herren in Engelland in seinem Lo=
sament besucht und von königlicher Majestät wegen empfan=
gen worden, vom Grafen von „Erces".

Den nächsten Tag — wir halten uns für jetzt ganz an
die eben genannte Quelle — wurde er nebst dem französi=
schen Gesandten Mr. de Beauvoir*), der ihm gefälligst an
die Hand ging, nach Hof geführt. Sie treffen die königliche
Majestät in einem „zwar ziemlich schlechten Saal", jedoch
von vornehmem Gefolge umgeben, und sie „spracht" mit dem
Grafen „ganz freundlich und gnädig" eine gute Zeit lang
von allerhand Sachen, daß Männiglich im Gemach es ver=
stehen kann. Am folgenden Tag, Freitag, 18. August, hat
er die Hauptaudienz, und trägt sein „gebürendes Anbrin=
gen" in eigener Person französisch vor. Beauvoir, der aber=
mals zugegen, bringt ihre Majestät mit kurzweiligem Ge=
spräche so weit, „daß sie eins auf ihrem Instrument, dessen
Saiten von Gold und Silber, sehr lieblich und kunstreich
geschlagen". „Denn", setzt der galante Kammersecretarius
hinzu, „ungeacht J. M. damalen auf die 67 Jahre alt**),
ist sie doch nach Gelegenheit ihrer Person noch solchen An=
sehens gewesen, daß sie einem Jungfräulein von
sechszehn Jahren nicht viel nachgegeben" ꝛc.

Nach „langem Gespräch" nimmt der Graf unterthänig

---

*) Beauvoir la Nocle. Die Badenfahrt nennt ihn beständig
Beauvais (Beauvois).

**) Elisabeth stand damals im 59. und bei Veröffentlichung der
Badenfahrt im 69. Jahre.

Urlaub und verfügt sich wieder in sein Losament, „darinnen auf den Abend obgemeltem Grafen von Esser, dem französischen Ambassator, und andern ansehenlichen vornemmen Englischen Herrn ein stattlich Pancket und Gasterei gehalten". Nach deutscher Sitte legte er bei dieser Gelegenheit sein Stammbuch auf, und ersuchte seine Gäste, ihm darin ihr Andenken zu hinterlassen. Esser schrieb sich ein: „Basis virtutum constantia. Essex. — Ce mot qu'accompaigne mes armoiries advouera tousiours la constance de ma profession a aimer et honorer la vertu du comte de Montbeliard. — En Angleterre a Redin, le 18 d'aout 1592."*) Freilich standen schöne Rebeblumen damals unter der höfischen Sonne im üppigsten Flor.

Am Samstag tritt der Graf den Rückweg gen London über Windsor an. Die Königin gibt ihm einen „alten vornehmen englischen Herrn" zum Geleite, der ihn in den Thiergärten zwischen Reading und Windsor (sechzig an der Zahl) jagen läßt und ihm hier die Burg nebst der Kapelle zeigt, wo die Insignien der Ritter des königlichen Ordens, „la Chartiere" genannt, hängen. „Ist ein in England hochgehaltener Orden, den nicht Männiglich bekommen kann." Auch die im Vorhofe wohnenden armen Ritter, welchen ein neu aufgenommenes Mitglied etwas zu verehren „gleichsam als schuldig ist", bekommt er zu sehen, und zieht einige davon zur Tafel. Ueber Hamptoncourt, das gleichfalls besichtigt wird, geht die Reise nach London zurück.

---

*) Duvernoy p. 369. Charakteristisch, wie diese Stammbuchblätter sind, mögen noch ein paar andere folgen. „Dum spiro spero. E. Staffort." „Comme je trouve, Robert Carey." „Volons nos que Dieu nous adoucisse nos maux, recourons a lui et cessons a mal faire. Henry Norres."

„Weil dann ihr fürstliche Gnaden noch länger auf k. Majestät Declaration und Bescheid warten müssen", so wird die Muße zu einem Besuche der Universitäten Oxford und Cambridge benützt, wovon die erste als Ochsenfurt, die andere ganz irrigerweise als Candelburg (Canterbury) figurirt. Nach London zurückgekommen, erhält der Graf zum Abschied von Esser ein „hübsches" Pferd verehrt, und „nach erlangter Abfertigung und erfordertem Paßbrief haben sich ihre fürstliche Gnaden im Namen Gottes wieder nacher Heimwerth begeben." In dem von C. Howard (damals noch Lord Effingham) unterzeichneten Paßport, worin der Großadmiral die Behörden anweist, dem Grafen unentgeltlich Pferde und Schiffsgelegenheit zu verschaffen, wird derselbe einfach „This nobleman Counte Mombeliard" genannt.

Was nun aber eigentlich die Werbung des Grafen gewesen und wie die „Abfertigung" auf sein „gebürendes Anbringen" gelautet, das verräth die Badenfahrt mit keiner Silbe, obgleich sie das Anliegen selbst an einer Stelle ein wenig durchschimmern läßt. Dagegen streut sie allerhand Züge ein, die zum Theil vom damaligen England eine lebhafte Anschauung geben und darum hier nicht übergangen werden dürfen

Bei ihrer Ankunft gewahrten die Reisenden am Strande von Dover die Trümmer der Armada und auf der Londoner Brücke vierunddreißig Köpfe „vornemmer Herrn, die umb angestifften Aufruhr und andrer Ursachen willen gericht worden." Auf der Themse sahen sie viele Schwäne, die so zahm waren, daß man sie schier anrühren konnte, wenn man sich nämlich einer Leibesstrafe aussetzen wollte; denn die Königin ließ sie alle Jahre rupfen, um sich der Federn für die Hofhaltung zu bedienen. Der französische

Wein an Beauvoirs Tafel „ist ihren fürstlichen Gnaden
nicht wol bekommen noch denselben leiden mögen" (ein wahres
Curiosum, da er ihn doch von Mömpelgart her kennen
mußte), „aber das Bier, so herrlich, als in der Farb eines
alten Elseſſer Weins, wol zugeschlagen". Unter den genoſ=
ſenen Luſtbarkeiten gedenkt die Beschreibung auch einer Bären=
und einer Stierhetze. Vom Theater ſagt ſie nichts. Bei
der Abfahrt beſuchten unſere Reiſende noch das große Schiff,
„auf welchem der berümbte Capitani Drack der gemeinen
Sage nach die ganze Welt umbfahren haben ſoll."

Was ihnen jedoch am meiſten auffiel, war die für Feſt=
länder jener Zeit ganz ungewohnte offene Lage der Städte.
Nur London fanden ſie „beſchloſſen" *); aber ſonſt überall,
ſagt die Babenfahrt, habe man, was feſt und ſtark geweſen,
vor dieſer Zeit (d. h. wohl in den Roſenkriegen) geſchleift
und zerriſſen, damit die Unterthanen, die von Natur zu
Aufruhr geneigt, nicht Urſache hätten, ſich wider die Obrig=
keit aufzulehnen. Eine Meinung, die ein halb Jahrhundert
nachher gründlich zu Schanden wurde. Eliſabeth hielt üb=
rigens ihre Engländer ſcharf unter dem Daumen, denn
ſie hatte in allen Häfen Vorkehrung getroffen, daß keiner
ohne Paß das Königreich verlaſſen durfte.

Die andern Nationen, ſagt die Babenfahrt, haben das
Sprichwort, England ſei das Paradies der Weiber, das

---

*) Samuel Kiechel von Ulm dagegen, der ſieben Jahre vorher
in England war, fand London noch „am wehnigſten nichts beföſti=
gett noch beſchloſſen, dann einer ſo wol bey nacht als zu tag zeütt
aus und in kommen mag." (Bibliothek des Literariſchen Vereins.
LXXXVI. Die Reiſen des Samuel Kiechel herausg. von Dr. K.
D. Haßler. S. 22.) Die Hauptſtadt war alſo inzwiſchen wegen
der ſtets drohenden ſpaniſchen Invaſion befeſtigt worden.

Gefängniß der Männer und die Hölle der Pferde. Die
letzteren nämlich, um mit ihnen anzufangen, werden auf
dem sandigen Boden hart mitgenommen, zumal wo das königliche Hoflager ist, das von einem Lieblingsort zum andern wechselt und fast einem Kriegsheer ähnlich sieht, sofern,
weil nicht Jedermann „Losament" haben kann, für den
größten Theil des Gefolges Zelte aufgeschlagen werden.
Wenn die Königin aufbricht, so folgen mit dem Gepäcke,
da sie keine Wagen haben, über dreihundert „Kärche", nämlich große zweiräberige Karren, mit fünf, sechs starken Pferden bespannt. Der Weiber Paradies sagt man, weil diese
große Freiheit haben, viel mehr als an andern Orten, wissen sich deren auch wohl zu gebrauchen, sind gleichsam
Meister, gehen in Kleidern überaus prächtig, dergestalt, daß
wohl eine auf der Gassen Samet, der bei ihnen gemein,
tragen darf, die daheim vielleicht ihr trocken Brot nicht ge-
haben mag. Alle englischen Weiber tragen Hüte auf den
Köpfen und gehen mit ausgeschnittenen Röcken auf die „alte
teutsche Manier, wie dann ihr Ankunft [Abkunft] Sachsen
seindt." *) Heren werden viele gefunden, die oft durch

---

*) Kiechel schreibt über das englische Frauenzimmer: „Ittem
es gübt ein holbsälig und von natur mechtig schön weibsbildt, als
ich in meinen augen kaum gesehen, dann süe sich nicht sezern, an-
streichen oder ferben, als wol in Ittalia oder andern ortten; allein
das süe in der kleübung was plomps gehn, kleüben sich von stattlichen guten lacken oder thuch, bo dann manche 3 röch von thuch
ob ein ander soll anhaben. Ittem es sey ein frembder oder inn-
wohner, wann er in eines burgers haus zu thuen hat oder zu gast
gebeten würt, und er nun bohün kompt, der herr des haus, frau
oder junckfrau ihne empfahet oder müllkom heist sein, als dann
ihr sprach müt sich bringt, hat er wol macht, süe an arm nemmen
und zu küssen, wölches des landts gebrauch; und bo es einer nicht

Ungewitter großen Schaden thun. Die Männer sind gleich=
falls in Kleidern prächtig und zumal stolz und hochtrabend,
und weil die meisten nicht außer Lands kommen, so halten
sie wenig auf fremde Nationen, verlachen und verspotten
dieselben, und darf sich einer nicht widersetzen, sonst laufen
die Gabenknechte*) und dergleichen jung Gesind zusammen
und schlagen ohne Ansehen der Person unbarmherzig drauf,
weil sie die stärksten, muß also einer den Spott zum Scha=
ben haben.

Der letzteren Andeutung will fast die Farbe leidiger
Erfahrung angekränkelt scheinen. Schon bei der Ankunft
in London waren die Reisenden nicht zum besten empfangen
worden: sie hatten nämlich in der volkreichen Stadt, „wo
einer schier auf den Gassen vor dem Gedräng nicht gehen
kann", als „unerkannt" nirgends Herberge finden können
und endlich in des niederländischen Postmeisters Haus, die
deutsche Post genannt, einem sonst freilich vorzugsweise von
Deutschen besuchten Gasthause, einkehren müssen. Das gibt
zu vermuthen, daß in ihrer Erscheinung ein Etwas gelegen
habe, womit sich der englische Nationalgeschmack nicht recht
vertrug. Und wirklich haben diese unsere Mömpel=, Mom=
pel= oder Mumpelgarter (denn so schrieb und sprach man

---

thut, wirt es ihme für ein unverstant und grobheüt geachtet und
zuegemessen, wüe dann solcher gebrauch im Nüberlandt auch ist."
(Kiechel S. 31.) — Johann Limberg's „Denkwürdige Reisebeschrei-
bung" 2c. (Leipzig 1690) sagt S. 652 von England: „Das Frauen=
zimmer ist schön, lebt in großer Freiheit, und ist in den Wollüsten
sehr vertieffet." Dann folgt das gleiche Sprichwort wie oben.

*) Ladenbursche. Vgl. Walter Scott „Nigels Schicksale", Cap. 1.
Der Ausdruck ist nach Frisch (D.=lat. Wtb.) Straßburgisch, woher
Rathgeb wahrscheinlich gebürtig war.

dazumal) nach fast vierwöchentlichem Aufenthalt in England, wovon sechs, drei und wieder fünf Tage auf London kommen, einen Eindruck hinterlassen, der die Sprache des wortwitzsüchtigsten Volkes der Welt mit einem Unnamen bereicherte, von welchem nachher an seinem Ort gehandelt werden soll.

Was hat nun aber — um den Acten hier einen Augenblick vorzugreifen — was hat Graf Friedrich Anno 1592 in England gewollt? Nichts Geringeres als den Orden, „den nicht Männiglich bekommen kann", Order of the Garter, oder de la Jarretière, auch Garterii oder Periscelidis ordo, zu deutsch Hosenbandorden genannt. Diese hochnationale Auszeichnung, für die ersten Großen des Reichs als Englands Paladine bestimmt, war zwar schon an Auswärtige vergeben worden, aber nur an Potentaten vom höchsten Rang, die eine besondere Classe von Ehrenmitgliedern bildeten und unter den sechsundzwanzig englischen Rittern (den König als Ordenshaupt eingeschlossen) nicht mitgezählt wurden. Und in diese Gesellschaft wollte der Graf von Mömpelgart eintreten, der sich kaum unangefochten den kleinsten deutschen Reichsfürsten zugesellen konnte, sofern die mömpelgartische Stimme am Reichstage bestritten war und obendrein, wenn anerkannt, von Wirtenberg geführt worden wäre. Zwar rechnete er mit Sicherheit darauf, seinem Vetter Ludwig in diesem Herzogthum zu succediren, allein die Aussicht konnte doch immer noch möglicherweise vereitelt werden und räumte ihm keine rechtliche Stellung ein, aus welcher er den Anspruch schöpfen konnte, sein gräfliches *)

---

*) Vgl. Sattler Herz. I, 143. V, 154.

Wappen neben den Insignien von Kaisern und Königen aufzuhängen *).

Der Inhalt des ertheilten Bescheides ist bei Sattler **) dahin angegeben, daß man dem Bittsteller bedeutet habe, die Zahl der Ordensritter sei dermalen complet und die Königin könne die Statuten nicht überschreiten, daher die Aufnahme auf ein andermal verschoben werden müsse. Dies war eine Ausrede, da die Ertheilung des Ordens an Fremde, wie schon gesagt, mit der Vollzähligkeit der englischen Mitglieder nichts zu thun hatte. Allein die Ausrede war sehr höflich, ja gefährlich höflich, sofern eine entschlossene Deutung ein bestimmtes Versprechen daraus herauslesen konnte; und wenn auch die Form, in welcher dem edeln Fremdling die Beförderungsmittel zu seiner Abreise geboten wurden, den Abdruck des Paßports in der Badenfahrt ein wenig auffällig erscheinen lassen dürfte, so war doch in der Sache selbst gewiß kein Mangel an Höflichkeit. Die Stammbuchblätter endlich, die er zurückbrachte, bildeten immerhin eine Reisefrucht, bei deren Beschauen diese Fahrt nicht im Lichte gänzlicher Vergeblichkeit erscheinen konnte.

Nach manchen zu Wasser und zu Lande muthig bestandenen Gefahren kam der Graf am 20. October in seine Residenzstadt Mömpelgart zurück, wo — nach der Versicherung des mömpelgartischen Geschichtschreibers — seine Räthe, die er ohne Benachrichtigung verlassen hatte, jetzt endlich erfuhren, an

---

*) Einen eigenthümlichen Gegensatz zu diesem leidenschaftlichen Verlangen bildet die zurückhaltende Behutsamkeit, womit Eberhard im Bart vom Kaiser Max den „guldenen Schäpper" (das Vließ) annahm. Sattler Grafen IV, 18. Beilagen 12. 13.

**) V, 160.

welchen Enden er ein Vierteljahr über gewesen war*). Im
Sommer des folgenden Jahres starb Herzog Ludwig. Fried=
rich eilte nach Stuttgart und erzwang die unbedingte Hul=
digung. Auch mit seinen Ordensansprüchen trat er bei=
spiellos eigenmächtig auf, indem er gleich nach seinem Re=
gierungsantritt 1593 auf Medaillen, Gemälden u. dgl. sich
mit dem französischen St. Michaels= und dem englischen
Hosenbandorden abbilden ließ und seinen Titeln den Titel:
„beeder königlichen Orden in Frankreich und Engelland
„Ritter beifügte**). Beim Regierungsantritte ließ er es
sich übrigens angelegen sein, dem Gerüchte, daß er aus Hin=
neigung zum Calvinismus nach England gereist sei, auf's
Bestimmteste zu widersprechen. Diese Reise, erklärte er der
Landschaft, habe er aus „andern, sonderbaren, hohen, auch
wichtigen Ursachen" gemacht***).

Was nun den St. Michaelsorden betrifft, so ist der An=
spruch leicht zu ergründen. Heinrich IV. kämpfte eben da=
mals um seine Krone, und war noch weit davon entfernt,
jedem Franzosen Sonntags ein Huhn in den Topf schaffen
zu können. Er hatte nicht bloß von Herzog Ludwig 18,000 fl.
unter dem Namen eines „Reuterdienstes", dann wieder
30,000 fl. nebst der Erlaubniß heimlicher Werbung im Her=
zogthum erhalten, sondern der Mömpelgarter Nachbar selbst
hatte ihm, troß der eigenen großen Schulden, nach und nach
263,256 Thaler vorgestreckt, und dieser Vorschub, der nur
den Anfang weiterer Hülfeleistungen bildete, konnte dem or=
densluftigen Grafen eine zureichende Handhabe sein, um neben

---

*) Duvernoy p. 258, 869.
**) Sattler V, 256. Vgl. Vorrede, Taf. III, Fig. 32.
***) Pfaff Geschichte Wirtenbergs II, 7.

dem realen Besitz einer Territorialpfandschaft auch den idealen Genuß eines Ordens — doppelt ideal, weil vorerst in Hoffnung — an sich zu bringen. Wir haben gesehen, daß in England der französische Gesandte seine hauptsächlichste Stütze war. Er hatte diesen, während derselbe sich von seiner Anwesenheit nichts träumen ließ, gleich nach der Ankunft mit seinem Besuch überrascht ("überfallen" sagt der Kammersecretarius), und die dortige Ordenswerbung mag für den Franzosen, der nach keiner von beiden Seiten verstoßen durfte, eine nicht zu verachtende Schule in der kleinen Diplomatie gewesen sein. Vielleicht wäre in französischen Actenstücken noch etwas mehr hierüber zu erfragen*).

Den St. Michaelsorden erhielt Herzog Friedrich, nach-

---

*) Besonders wenn Aeußerungen des Unmuths vorliegen sollten, wie z. B. die von 1599, wo der gute König dem wirtenbergischen Gesandten Buwinghausen, ohne ihn vorzulassen, sagen ließ, "daß es für sehr unhöflich gehalten würde, die Krone Frankreich mit Schuldsforderungen anzugehen". Sattler V, 225. Indessen liegen auch von wirtenbergischer Seite (in den von den "Württembergischen Jahrbüchern" hin und wieder veröffentlichten eigenhändigen Resolutionen Herzog Friedrich's) Aeußerungen des Unmuths vor. "Was Euren jetzigen französischen Dienst anlangt", schrieb der Herzog 1607 dem nach Paris reisenden Buwinghausen nach, "liegt zuerst das Meist daran, daß die Rechnung recht und just abgehört werde, dann [es] in Frankreich seltzame Gesellen gibt." Noch aufbewahrenswerther ist eine andere Aeußerung vom gleichen Jahre. "Wir werden uns nicht weiters bringen lassen", schrieb Friedrich an den Rand eines Vorschlages von Buwinghausen, worin es sich darum handelte, den Stand der Unionsangelegenheiten nach Paris mitzutheilen: "Wir kennen mehr als zu vil die Franzosen; ist nicht rathsamb, einen Sterkhern über Reichsfürsten zu richten." Auf diese Einsicht hätte er sich mehr zu Gute thun dürfen, als auf alle Orden der Christenheit.

2*

dem er ihn drei Jahre anwartschaftlich geführt hatte, 1596 in Wirklichkeit zugeschickt. Mit dem Hosenbandorden hatte er härtere Arbeit; doch erzwang er auch den zuletzt.

Man kann mit Sicherheit annehmen, daß er von den letzten zehn Jahren, welche Elisabeth noch zu leben hatte, kaum eines verstreichen ließ, ohne die Königin wegen dieser Angelegenheit zu bestürmen. Für die ersten paar Jahre zeugen zunächst die im British Museum und im Public Record Office aufbewahrten Schreiben, deren Inhalt Mr. Rye veröffentlicht hat*).

Unter dem 2. April 1593 erinnert Friedrich, zur Zeit noch Graf von Mömpelgart, die Königin mit Beziehung auf das bevorstehende Ordensfest an seine persönlich vorgetragene Bitte und die wohlgeneigte Antwort, die sie ihm ertheilt habe, worauf er den Ueberbringer des Schreibens, einen Edelmann und guten Soldaten, als Dolmetscher seiner Wünsche empfiehlt. Elisabeth antwortet unter dem 31. Mai, äußert ihre Freude über seine glückliche Heimfahrt bei schwerem Sturm, berührt aber das Ordensgesuch mit keiner Silbe. Am 17. August des gleichen Jahres zeigt er ihr durch einen besondern Gesandten seine Thronbesteigung an, wozu sie ihm am 20. September Glück wünscht. Die Ordensangelegenheit scheint er hier aus dem Spiel gelassen zu haben, aber seine Unterschrift lautet: „Vostre Majeste treshumble et affectionne Chevallier et Serviteur, Friedrich Duc de

---

*) W. B. Rye England as seen by foreigners in the days of Elisabeth and James I. Introduction p. LXI—LXIII. Dieses schätzbare Werk füllt einige Lücken in unsern Materialien sehr glücklich aus.

Wirtenberg". Am 10. Februar 1594 gratulirt er ihr zum
neuen Jahr (das in England damals bekanntlich mit dem
26. März angetreten wurde), und bemerkt, er sei immer
noch „attendant d'icelle une par moy tant desire res-
ponnse." Die gleiche Erinnerung muß er am 1. März
wiederholt haben, denn auf ein Schreiben dieses Datums
gibt die Königin am 17. Mai endlich eine lange französische
Antwort, deren kurzer Sinn der ist, daß man zu der ersten
Ausrede eine zweite gefunden hatte, nämlich, es seien verschiedene Potentaten, welche Anspruch auf den Orden haben,
noch nicht aufgenommen, andere seit Jahren aufgenommen,
aber noch nicht investirt, und hierin liege vorderhand ein
unübersteigliches Hinderniß. Diese Antwort, die übrigens
mit den schmeichelhaftesten Versicherungen überzuckert ist, will
die Königin schon bei seinem Hiersein dem französischen Gesandten gegeben haben.

Wir sehen somit gleich im ersten Jahre, 1593, zwei
Ambassaden kleinerer und größerer Art nach England gehen,
von welchen die eine dem Orden, die andere dem Thron-
wechsel, diese aber sicherlich, nach Gelegenheit der persönli-
chen Audienz, zugleich auch wieder nebenher dem Orden gilt.
Daß im nächsten Jahre ein dritter Abgesandter, abermals
in Sachen des Ordens, vor Elisabeth erschien, wird weiterhin erhellen. Größere Gesandtschaften erfolgten 1595 und
1597. Von den ausführlichen Berichten, welche diese Gesandten nach ihrer Zurückkunft über alle ihre Verrichtungen
und Begegnisse abfassen mußten, ist nur ein einziger veröffentlicht. Es ist die „Relation" Hans Jakob Breuning's
von Buchenbach, der im Jahre 1595 als vierter Abgesandter, in der Ordenssache als dritter, mit einem gewissen Pompe,
worin er seine Vorgänger übertroffen zu haben scheint, in

England auftrat*). Dieſer eine Bericht genügt indeſſen, theils
das Verhältniß Friedrich's zu Eliſabeth (in Uebereinſtimmung
mit den engliſchen Notizen) außer Zweifel zu ſetzen, theils
den bis jetzt dunklen Angriffspunkt, der ſich in Folge der
mömpelgartiſch=wirtenbergiſchen Anläufe für S h a k ſ p e a r e ' s
komiſche Muſe bot, mit Hülfe ergänzender und berichtigen=
der Materialien vollkommen aufzuklären.

Von Kirchheim „under Tekh", wo ſich der Herzog we=
gen der Peſt aufhielt, zog Breuning Anfangs März des
genannten Jahres, mit Inſtruction, Credditio („Credenz"),
auch nothbürftigem Reiſegeld verſehen, in langſamen Tage=
reiſen durch das Land gen Speier hinab. Dort nahm er
ſich zum Attaché („Mitgeſellen") den Edeln Veſten Benja=
min Buwinghauſen von Walmerode, der mit dieſer Geſandt=
ſchaftsreiſe ſeine ſpätere Laufbahn am wirtenbergiſchen Hofe
begründete. Geſandtſchaften reisten damals nicht ſo leicht
und ſicher wie in unſern Tagen. Unſere Wirtenberger hatten
ſich in geringe Kleider geſteckt, waren froh, „durch Practik"
einen Paß von der Stadt Köln zu erlangen, mittelſt beſſen
ſie ſich für Kölner Bürger ausgeben konnten, und fanden es
ſogar nöthig, ihr Credenz ſammt Geld und Koſtbarkeiten auf
dem Schiffe, in Wachstuch verpackt, in einem Faß mit Wein=
hefe zu verbergen. Hatte doch ihr Herr ſelbſt drei Jahre
zuvor auf dem Wege durch Oſtfriesland, den er wegen des
Krieges in den Niederlanden nehmen mußte, mit „ſtadiſchen

---

*) Bibliothek des Literariſchen Vereins in Stuttgart, LXXXI,
Hans Jacob Breunings v. B. Relation über ſeine Sendung nach
England im Jahre 1595, mitgetheilt von Auguſt Schloßberger. —
In den hier ausgehobenen authentiſchen Stellen iſt die Rechtſchrei=
bung des Originals nur ſo weit genauer beibehalten, als ſie verhält=
nißmäßig charakteriſtiſch erſchien.

Freibeutern" ein schlimmes Abenteuer zu bestehen gehabt, in dessen Schilderung freilich die Babenfahrt deutlich durchblicken läßt, daß er durch sein zwar heroisches, jedoch der Uebermacht gegenüber viel zu brüskes Auftreten um ein Haar die ganze Reisegenossenschaft ins Verderben gestürzt hätte.

Ende März kam Breuning mit seinen Begleitern zu London an, wo sie, zunächst incognito, im weißen Bären*) abstiegen. Gleich in den ersten Tagen stieß ihnen ein verzweifelter Zwischenfall auf, den wir, wie auch der Berichterstatter thut, nachher im Zusammenhang behandeln werden.

Nachdem man sich standesmäßig gekleidet, war abermals das französische Gesandtschaftshotel die erste Zuflucht, die jedoch diesmal mehr Rath als Hülfe bot. Der „Empassadeur" Beauvoir**) war verreist, und Mr. de la Fontaine („Ministre") hatte bei k. Majestät keinen Acceß; doch galt er viel bei großen Herren und war dem wirtenbergischen Gesandten aufs eifrigste behülflich. Dieser ließ es seine nächste Sorge sein, sich der einflußreichsten Personen zu versichern. Obenan standen natürlich der Großstallmeister Graf Esser, „welcher dieser Zeit allein für der Königin Favoriten gehalten württ", und der Großschatzmeister Lord Burghley, „welcher alte Herr bei J. Maj. sehr viel vermag, und ohne den sie wönig thut, dann er, also zu reden, der Königin Lägerbuch".

---

*) . . . . „befragt ich bie herberg zum weißen behren, wölcher mann ein Nüberlender, bey bem vül Teütsche pflegen zur herrberg lügen." Kiechel, S. 22. (Mit Recht bemerkt der Herausgeber über den trefflichen Landsmann, daß er mit seinem ü häufig an den bekannten Zwückauer erinnere.)

**) Auch Breuning schreibt Beauvois. Ganz in der gleichen Weise ist einer der französischen Schergen von 1688, General Montclar, bei uns zu einem Montclas geworden.

Wie nun aber diese beiden Großwürdenträger selbst in einer für sie so unbedeutenden, für den Gesandten voraus verlorenen Sache ihre gegenseitige Eifersucht nicht ganz unterdrücken können, die den armen Breuning zwischen zwei Feuer bringt, zumal er höchst unglücklicher Weise von seinem Herzog ein Schreiben an Essex, aber keines an Burghley mitgebracht hat, wie sie ihn sobann mündlich zwar mit größter Courtoisie behandeln, auf alle seine wiederholten Schreiben jedoch niemals Antwort geben, wie er ferner zu dem auf St. Georgstag fallenden Ordensfeste geladen wird und bei dieser Gelegenheit mit einem andern deutschen Gesandten, einem hessischen, zusammentreffend, eine jener in der deutschen Geschichte so häufigen Präcedenzstreitigkeiten sehr tapfer ausficht, — dieses Alles und noch viel Anderes mehr mag man in der Relation selbst nachlesen, deren Veröffentlichung wir durch unsere Auszüge keineswegs überflüssig zu machen vermeinen. Breuning war ein weitgereister sprachenkundiger Mann. Er konnte von drei Welttheilen, die er gesehen hatte*), erzählen. Das Italienische, das für der Königin Lieblingssprache galt, und das Französische handhabte er, schriftlich wenigstens, besser als seine eigene Sprache in ihrer damaligen Verwilderung. (Nur die englischen Namen finden sich bei ihm wo´möglich noch ärger als in der Badenfahrt mißhandelt). Dabei besaß er eine Beobachtungsgabe und ein Gedächtniß, die seiner Berichterstattung, besonders wo es Ceremonien und Trachten zu beschreiben gab, sehr förderlich waren. Die italienische Rede, die er in der ersten Audienz an die Königin hielt, war noch für Sattler eine so merk-

---

*) Im Jahre 1612 gab er seine „Orientalische Reyß" heraus, die aber Ludolf und Beckmann als eine etwas plagiarische Arbeit bezeichnen (Beckmann, Literatur der älteren Reisebeschreibungen II, 283.)

würdige Leistung, daß dieser sie vollständig in seine Bei=
lagen aufnehmen zu müssen glaubte.

So anschaulich aber auch und so glaubwürdig im All=
gemeinen der Gesandte seinen Bericht erstattet hat, so be=
findet sich doch in demselben gleich anfangs eine kleine Lücke,
die aus einer andern Quelle zu ergänzen ist. Breuning
fand nämlich nicht für gut, seinem Herrn zu gestehen,
daß er just in jener berühmten Rede — stecken geblieben
und hiedurch am englischen Hofe in einen Verdacht ge=
rathen ist, der einen Diplomaten auch in jenen rauheren
Tagen schwer bedrücken mußte. Das Britisch Museum
besitzt ein Schreiben von ihm*), das drei Tage nach
der Audienz an „le Baron de Bugley“ adressirt, im Uebri=
gen lateinisch abgefaßt ist, und worin der Gesandte einen
ihm Tags zuvor von Mylord gemachten Vorwurf mit herz=
beweglichen Versicherungen zu entkräften sich bemüht. Er
gibt ihm zu verstehen, daß er von sehr edler Herkunft sei,
und ruft Gott zum Zeugen an, daß er von Jugend auf
„id vicium“ über Alles verabscheut habe. Ferne sei es von
ihm, daß er vor einer solchen Majestät in einem solchen Zu=
stande zu erscheinen gewagt hätte! Nicht einmal das Mit=
tagessen (die Audienz war Nachmittags) habe er sich an jenem
Tage vergönnt, um seiner Aufgabe ganz nach Würden zu
genügen. Daß er seine Rede nicht mit der gebürenden
Geläufigkeit abgelegt, das habe seinen Grund einzig darin,
daß er von dem ungewohnten Glanze der königlichen Maje=

---

*) Rye p. LXV. „Landsd. Ms. No. 79, among Lord
Burghley's Papers. The letter is endorsed, in an old hand,
»»The Duke of Wittenberges Messinger««. Mr. Rye theilt
das Schreiben in englischer Uebersetzung mit, wobei er die oben ge=
gebenen lateinischen Worte in Klammern beifügt.

stät, die in Europa, Asia und Afrika nicht ihres Gleichen
finde, geblendet gewesen sei*). Nebenbei bekennt er, daß er
nicht fest genug im Italienischen sei, um ex tempore zu
sprechen (auch dies eine Schmeichelei für Elisabeth); als nun
J. M. ihn vollends unterbrochen, da sei er ganz aus dem
Concept gekommen, „vox faucibus haerens". Darauf schließt
er mit der inbrünstigen Bitte an Se. Excellenz, jene un=
günstige Meinung aufzugeben und ihn für einen andern
Mann zu halten.

Es ist doch eigen, wie sich die Dinge nach verschiedenen
Quellen verschieden gestalten können. Der Besuch bei Burgh=
ley, in dessen Folge dieser Brief geschrieben wurde, steht
auch in der Relation, und richtig finden wir auch da My=
lord bei nicht ganz guter Laune, aber was ist der Grund?
„Doch wollte mich bedunkhen", sagt der Gesandte dem Her=
zog, „das ihme nit gefallen, daß kein besonder Schreiben
an ihnne abgegangen". Eines andern Grundes gedenkt er
nicht. Indessen berichtet er, daß ihn gerade „dieser Tagen
des trittäghliche Fieber angrüssen" habe, so daß er eine Zeit
lang nicht habe ausgehen können. Da war denn wohl sein sonst
so gutes Gedächtniß ein wenig durch dieses böse Fieber geschwächt.

Die Zeit der Trübsal, während welcher ihm Mr. de la
Fontaine, sein täglicher Trost, im weißen Bären „lügen" half,
ging vorüber, und der Unfall der ersten Audienz fand all=

---

*) „Es war," berichtet er dem Herzog in der Schilderung der
Audienz, »la chambre privée, wie auch la chambre de pre-
sence, gestedth voll mylord, stattlicher Herren, Frauen, vom Abell,
auch einem sher stattlichen, oßbünbigem, schönem, gräuelichem vnnd
abentlichem Frawenzimmer. — Ihr M. wharen dißmal in ein sil=
berin ftüch bekleidet mit herrlichen Cleinotten, ohnsäglichem Geschmuch
gezirt, trugen off dem Haupt ein Königliche beerlin Kron."

mählig mildere Beurtheilung, zumal er in dem Schreiben an den Großschatzmeister gezeigt hatte, daß er Elisabeth's wahre Lieblingssprache trotz allebem perfect zu reden verstand. Den einzigen Umstand ausgenommen, daß Esser und Burghley zu schreiben verlernt hatten, wurde er mit rücksichtsvollem Ceremoniell behandelt, wie denn auch Breuning selbst es in seinem Auftreten an nichts fehlen ließ, ja, um der hessischen Gesandtschaft so wenig als möglich nachzustehen, sein Personal bei öffentlichen Aufzügen mit angeworbenen Londoner Deutschen verstärkte.

Dennoch, und obgleich er die Freundschaft Johann Spielmann's aus Lindau, des vielvermögenden Juweliers der Königin, gewonnen hatte, blieb seine Sendung ohne Erfolg. Elisabeth bewilligte ihm eine zweite einfachere Audienz, in welcher die Unterredung lateinisch geführt wurde.*) Sie wolle heute vertraulich mit ihm reden, begann sie, damit er frei vorbringen könne, was er neulich vielleicht wegen der Menge der Anwesenden auszuführen Anstand genommen habe. (Eine Bonhommie und zugleich Ironie, die in seinem Berichte kaum verständlich wäre, wenn er nicht glücklicherweise den Commentar dazu in London hinterlassen hätte). Hierauf hielt er eine Anrede, worin er sagte, daß er in drei

---

*) Elisabeth sprach das Latein nicht bloß geläufig, sondern sie muß sich dabei auch der festländischen Aussprache bedient haben, da Breuning, der sie sonst schwerlich verstanden haben würde, hierüber nichts zu bemerken findet. — Ihr bischen Deutsch von 1564 mochte sie in den dreißig Jahren verlernt haben; denn Sir James Melville, der schottische Gesandte von damals, erzählt davon in seinen Memoirs: »Then sche spak to me in Dutche, bot it was not gud.« (Dutch ist für jene Zeit eine weitläufige Gegend vom Meer bis zum Fels, d. h. vom Niederländischen bis zum Hochdeutschen.)

Jahren bereits der dritte Gesandte sei, der die Königin an
ihr gegebenes Wort zu erinnern komme. Diesen Stand=
punkt, wenn er in der italienischen Rede etwa ausgefallen
war, kannte Elisabeth sattsam aus einer schriftlichen Eingabe
des Gesandten selbst, sowie aus den Mittheilungen ihrer
Minister, welchen er das Gleiche schriftlich und mündlich oft
genug wiederholt hatte. Andererseits kannte Breuning die
Ausrede mit den fremden Potentaten, und zwar in d e r Form,
daß man „dem König aus Frankreich und dem König aus
Schotten", obgleich sie längst „von dem Orden eligirt" seien,
die Insignien noch nicht überschickt habe. Er mußte sie nicht
von dem Herzog, sondern aus einer ihm in London gewor=
benen Insinuation; aber der Herzog hat bei dieser Stelle
der Relation an den Rand geschrieben: „Ist das alt Lieb."

Die Königin beantwortete die Anrede in einer Weise,
die man in Schwaben das Winken mit dem Holzschlegel
nennt. Bei Ordenswahlen, gab sie zu verstehen, sei die
Reihe zuerst an den römischen Kaisern, dann an den Kö=
nigen, dann an den Kurfürsten und so weiter, und nun auf
das angeblich obschwebende Hinderniß in allgemeinen Aus=
drücken übergehend, wickelte sie das spitzige Wort wieder ein
wenig in Baumwolle ein. Dabei entfiel ihr eine Bemer=
kung, die über den beschränkten Horizont des jetzt verhan=
delten Gegenstandes weit hinausreichte. Sie sagte nämlich,
der König von Spanien, der als Gemahl ihrer Schwester
Maria den Orden erhalten hatte, habe ihr dessen ungeachtet
vielfache Unbill zugefügt; und hierin ist augenscheinlich der
nationale Gedanke ausgesprochen, daß ein Orden, der ur=
sprünglich gegründet war, die Einheimischen zur Treue zu
verpflichten, überhaupt niemals an Auswärtige, deren Dank
doch stets unzuverlässig blieb, hätte vergeben werden sollen.

Aber der Herzog nannte sich nun einmal ihren „Chevallier" und hatte den Orden schon fast drei Jahre lang in seinem Titel mitgeführt. Der Gesandte meinte daher, sie könnte doch wohl ihr Versprechen einer Wahl gleich gelten lassen, damit sein Herr sich als „quasi receptus" betrachten dürfe. Elisabeth aber ließ sich nicht in die Enge treiben. Rasch jetzt auf das so oft wiederholte Losungswort eingehend erwiderte sie, diese ewige Erinnerung an ein angebliches Versprechen sei ihr rein unbegreiflich, und der edle Herr, der voriges Jahr bei ihr gewesen, müsse ihre Antwort nicht recht ausgerichtet haben, sonst wäre diese neue Gesandtschaft ohne Zweifel unterblieben. Wie ihr dieselbe gemeldet worden sei, habe sie im ersten Augenblick geglaubt, es handle sich um eine andere Angelegenheit. „Unde evenit, ut jam quaesiverim, num aliud nihil apud me expediendum haberes." (Dies ist offenbar jene Unterbrechung, von welcher er an Burghley schrieb. Sie lautet allerdings etwas verblüffend. „Sonst nichts?" Die Königin sucht sie daher jetzt in mildernder Weise zu erklären, versetzt ihm dabei aber einen zweiten Stich, dessen Bedeutung sich später enthüllen wird). Dann setzt sie hinzu: „Nam ut vera loquar, ego non recordor me absolute unquam tale aliquid promisisse". „Alß ich das gehört", berichtet Breuning, „bin ich nit wönig erschrocken, da mir solches unverhofft und gantz frembt fürkhommen". Gerade der vorjährige Gesandte, entgegnete er der Königin, habe ein erneutes Versprechen und die besten Hoffnungen zurückgebracht. Worauf Elisabeth: dann habe derselbe seine Sache schlecht gemacht und sie offenbar mißverstanden.

Bei dieser Gelegenheit erfährt man denn auch, wovon vor drei Jahren in dem „langen Gespräche", dessen die

Babenfahrt gebenkt, die Rede gewesen war. Elisabeth be-
auftragt nämlich den Gesandten, seinem Herrn genau ins
Gebächtniß zurückzurufen, was sie ihm bamals bei seiner
Anwesenheit selbst gesagt habe. Diese Punkte hat auch
Sattler bemerkenswerth gefunden*). Erstens: die deutschen
Fürsten sollen sich nicht in auswärtige Kriege und frembe
Dinge und Angelegenheiten mischen, sondern jeber vor sei-
ner Thüre kehren (sed quisque sua curet). Zweitens: sie
sollen den Theologen, die zum höchsten Aergerniß und
Schaden der Christenheit einander schlecht machen, ihre
Zänkereien niederlegen. Drittens verlangt sie sichern Ein-
und Ausgang für ihre Kaufleute und will überhaupt sämmt-
liche Engländer empfohlen haben. Letztens weiß sie, baß es
Verleumber gibt, die über sie und ihre Person (de me
meaque persona) gehässige Lügen verbreiten, und erwartet
baher vom Herzog, baß er ihre Sache pro virili parte
führen und sie allerorten gegen berlei schlechte Nachreben
vertheidigen werbe. „Solches Alles haben J. M. mit
sonberem Ernst gerebt.“

Auf biese Ermahnungen versicherte ber Gesanbte Punkt
für Punkt, baß sein Herr ganz so gesinnt sei wie die Königin wünsche, und betheuerte namentlich, baß berselbe jeben

*) V, 185. Nur ist er bort im Irrthum, wenn er meint,
Breuning habe sich nicht erinnern können, baß Jemanb vor ihm
wegen bes Orbensgesuchs an bie Königin geschickt worben sei.
Dieser nennt sich ja ben britten Gesanbten und bemerkt: „So
hat es auch nicht wönig an besserer Relation und grünblichem Bericht bes vorigen Abgesanbten, nämlich bes Ebelknecht, ermangelt,
also baß besselbigen Orts ein großer Mißverstanb mit untergeloffen.“
Der Herzog scheint noch obenbrein zum Theil ungeschickte Diplomaten
gehabt zu haben, oder sie besaßen vielleicht nicht immer ben Muth,
ihm wahrheitsgetreu zu berichten.

Engländer, auch den geringsten, maximo amore et bene-
volentia prosequi sich gedrungen fühle. Die Audienz, während welcher die bejahrte*) Königin sich beständig stehend
erhielt, hatte nach Breuning's Versicherung länger als eine
ganze Glockenstunde gedauert**). Nun verlangte die Natur
ihr Recht, d. h. Elisabeth begehrte zum Schlusse das faust-
dicke Schmeichelconfect, dessen sie nicht entbehren konnte.
Sie fragte den Gesandten, wie ihm ihre Hofhaltung und
insonderheit das Ordensfest gefallen habe, und sofort warf
ihr Breuning die aus seinem Schreiben an Mylord „Buglay"
bekannten drei Welttheile, diesmal aber noch nach den einzelnen Ländern specificirt, herzhaft ins Gesicht. „Solches
haben J. M. woll uffgenommen und mir deren Ehren ge-
dankt, auch daruff angezeigt, sobald mir gefiel, mein unter-
thänigsten Abschied von J. M. zu nehmen, dessen wären
dieselbigen gnädigst zufrieden, wäre J. M. auch nit zu-
wider, wann es ytzo geschähe." Darauf „that" er „solches
alsbald" und hielt eine kurze Abschiedsrede, an deren Schluß
er mit einem meisterhaften Schnörkel auf die Herzensange-
legenheit seines Herrn zurückkam und dieselbe der Königin
noch einmal zu Gemüthe führte. „Das ist recht gewesen",
schrieb der Herzog hier vergnügt an den Rand***).

---

*) Breuning gibt dem Herzog zu bedenken, ihre Majestät sei
„hohes Alters und übernächtig," — ein artiger Contrast gegen das
sechzehnjährige Jungfräulein der Badenfahrt.

**) „Ihr Mt. waren bißmall bekleidet in ein gulbin stück mit
rottem Boden re. re. Vornen off der brust waren ihr Mt. bloß,
vnnd hatten umb ein gar langh durchgearbeittet oder durchsichtig
treeß, daruff vornen ein abscheuliche große schwarze Spinnen gesetzt,
anderst nit alß wen sie natürlich vnnd das leben gehabt, welche
woll manchen betrügen mögen."

***) Das Antwortschreiben der Königin, das Breuning zurück-

In der Mitte des Mai kehrte Breuning heim, doch ver=
ließ er England nicht ganz unverrichteter Dinge. Er brachte
dem Herzog eine englische Kutsche um 181 fl., zwölf Paar
seidene Strumpfhosen *) von allen Farben außer schwarz
und grün um 115 fl., sechs Paar englische Handschuhe um
12 fl., einen englischen Bogen (Armbrust) um 24 fl. und
Abrisse von Caminen mit. Von „Bluthunden" war für
den Augenblick nichts Ausbündiges zu bekommen, und die
englischen Pferde standen so hoch im Preise, daß der Ge=
sandte, von dem man für eines 36 und für ein anderes
23 Pfund verlangte, gleichsam froh war, an letzterem einen
Fehler zu entdecken, über welchem der Handel sich zerschlug.

Da das von Kirchheim mitgenommene Reisegeld entfernt
nicht reichte, so hatte er sich zeitig nach Deckung des Ab=
mangels umgesehen, und ein dortiger deutscher Geschäfts=
mann aus der schutzverwandten Reichsstadt Weil, folglich
ein Mitbürger des damals vierundzwanzigjährigen Kepler,
hatte ihm als „halber Wirtenberger" zwar von selbst seine
Dienste angeboten, eine Geldhülfe aber freilich erst auf

---

brachte und das, wie Elisabeth ihm zugesichert, vornehmlich zum
Zeugniß dienen sollte, daß er sein Geschäft auf's beste ausgerichtet
habe, scheint in Stuttgart nicht mehr vorhanden zu sein. Mr. Rye
hat das Concept im Record Office gelesen und darin ersehen, daß
Elisabeth mit größter Höflichkeit dem Herzog sagt, wenn er ihre ihm
schon früher mitgetheilten Gründe erwogen hätte, so hätte er seinem
Gesandten die Mühe sparen können. Die Rückseite des Concepts
trägt die Bezeichnung »To the Conte Montbeliart«, ein Beweis,
daß die englischen Archivalisten damals den Uebergang vom Grafen
von Mömpelgart zum Herzog von Wirtenberg noch nicht gefunden
hatten.

*) Er schreibt mundartlich „Stimpff", d. h. Stümpfe, für
Strümpfe.

„Anreden" zugesagt. Mit diesem freiwilligen Versprechen
ging es denn gerade wie mit dem der Königin. Als Speidel,
so hieß der Mann, die benöthigten 400 Kronen herschießen
sollte, „erinnerte" er sich, daß die deutschen Fürsten dem
leichtsinnigen Schuldenzahlen gar nicht hold seien, und wollte
sein Geld lieber ins Meer oder in die Themse werfen.
Breuning mußte ihn auf den einmal errungenen Standpunkt
der Versprochenschaft zurückzubannen; wie es aber mit dem
Worthalten Ernst werden sollte, half sich der deutsche Engländer anders und verdächtigte jetzt den (allerdings un-
glücklich genug preisgegebenen) Gesandten selbst. Dieser ließ
ihn zwar durch Buwinghausen in Gegenwart von Zeugen
abkanzeln, aber das Geld mußte er anderwärts aus zwei
verschiedenen Häusern aufbringen, und war dabei nicht wenig besorgt, die verdrießliche Geschichte möchte zu Hof und
an der Börse lautbar werden. Der gute Wind war über
dem Warten versäumt, und der Patron des „Engel Gabriel",
auf welches Schiff die Gesandtschaft sich verbingt hatte,
wäre unfehlbar mit diesem Winde abgefahren, „da er nit
durch den Herren Admiral unsertwegen wäre angehalten
worden".

Nachdem wir hiemit von Breuning's zum Theil dornen-
vollen Commissionen ein gedrängtes Bild gegeben, müssen
wir ihm in eine noch schwierigere Lage folgen. Wir kommen daher jetzt ausführlich, wie es der Gegenstand erfordert, auf den bereits angemeldeten Zwischenfall zurück.

Gleich bei seiner Ankunft in London hatte der Gesandte
mit Bestürzung vernommen, daß noch ein a n d e r e r wirtenbergischer Gesandter, von welchem er kein Sterbenswörtchen
wußte, zugegen sei, und daß derselbe im Namen des Herzogs um zollfreie Ausfuhr einer beträchtlichen Menge von

Tüchern sollicitire. Dieses Ansinnen war, wie Breuning während seines Incognito bei Tisch und anderwärts anhören mußte, Gegenstand des allgemeinen Gesprächs. Hier sagte man, es sei eine Schande, daß ein Herzog von Wirtenberg so kaufmännisch supplicire, dort war man der Meinung, es sei eine von Kaufleuten unter seinem Namen betrügerisch versuchte Praktik. „In Summa, es wurde täglich über Tisch, unter der Bürst [Börse] und zu Hof, wie ich nachmalen in gewisse Erfahrung kommen, so schmählich, schimpflich und verächtlich davon geredt, daß es mir im Herzen weh gethan und mich ungeschlafen gelegt."

Sofort ging er mit Buwinghausen und einem Londoner Deutschen, dessen er sich bediente, „in einfelttiger Kleidung ohnbekannterweyß" zum „weißen Schwanen", wo der vermeinte Truggesandte vor Anker lag. Dieser gab sich auch sogleich den Landsleuten, die angeblich nur als Passanten einen Trunk daselbst thun wollten, ungefragt als einen Agenten des Herzogs von Wirtenberg zu erkennen. Er nannte sich Johann Heinrich Stammler, von Augsburg gebürtig; sein Vater sei Obervogt in Stettenfels gewesen; er selbst sei vorm Jahr von Augsburg nebst einem Schertel an den wirtenbergischen Hof gekommen und zum Diener angenommen, nach nur achtwöchentlicher Anwesenheit aber auf Pfingsten gen England abgefertigt worden. Ueber wirtenbergische Persönlichkeiten befragt wußte er schlechten Bescheid: den Kammersecretarius Rathgeb in Stuttgart machte er zu einem Hofgerichtssecretarius iu Tübingen, von Capitän Ebelknecht (dem vorjährigen Gesandten bei Elisabeth) meinte er, derselbe habe um Kriegshülfe zu bitten gehabt u. dgl. m.

Der zweideutige Gast hatte sich anfangs „ein Secretarium schelten lassen"; als ihn aber Breuning näher nach

seiner Bedienstung fragte, sagte er, er habe noch keinen
eigentlichen Dienst, der Herzog wolle ihn durch diese Com=
mission probiren und erst sehen, in was Sattel er recht
sein möchte. („Einen Strick an Hals", bemerkt der Herzog
am Rande). Die Commission schien ihm aber selbst etwas
verwunderlich vorzukommen: man habe ihm, erzählte er, in
Stuttgart Hoffnung gemacht, er werde längstens in drei
Wochen expedirt sein, und nun müsse er schon in den elften
Monat warten; ja der „Thresorier" habe, als er demselben
ein herzogliches Schreiben überantwortet, kein Wissens haben
wollen, wer der Herzog von Wirtenberg sei. „Diese und
dergleichen viell ohngereumbte Sachen" brachte er im Beisein
zweier Hessischen (von der rivalistrenden Gesandtschaft) vor.
Die Wirtenbergischen hatten jetzt genug vernommen und „zo=
gen darvon". Die „Zehrung" (drei Gulden und drei Batzen)
ließen sie auf dem Tische liegen, da er sie durchaus frei hal=
ten wollte. Der Herzog von Wirtenberg, „zeygte er an",
sei wohl so reich, daß er einem gutem Gesellen eine Col=
lation zahlen könne.

Vom Schwanen in den Bären zurückkehrend war Breu=
ning überzeugt, daß er es mit einem Betrüger zu thun habe.
Einmal, sagt er in diesem Stadium der Sache, sei es nicht
glaublich gewesen, daß der Herzog ihm von einem seit elf
Monaten in London liegenden Gesandten, der ihm doch hätte
förderlich sein können, kein Wort gesagt haben sollte. „Zum
Andern hat mir der Wahrheit gleich zu sein nit bedunckhen
wöllen, daß E. F. G. eben an Einem Orth und zu Einer
Zeytt solche geringe Sachen würden solicitiren lassen, da sie
doch viel ein Mehrers und Höhers begehrten". Drittens
meint er, er hätte doch von dieser Nebenlegation etwas am
herzoglichen Hofe hören müssen. Viertens habe sich Stammler

3 *

selbst durch seine ungleichen und unwahrhaften Aussagen verdächtig gemacht. Zum Fünften wäre es ja „schimpflich und
spöttlich", daß ein Fürst bei einem Potentaten zwei Gesandte
zugleich halten sollte, die nicht bloß einer des andern Geschäft nicht wissen, sondern auch einer des andern Person
nicht kennen, noch einer von des andern Anwesenheit unter-
richtet seien.

„Und letztlich, im Fall gesetzt, seine Sachen (welches wir
doch bei uns nit befinden können) richtig sein sollten, jedoch
weil man ingemein, bei hohe und niebers Stands, so ver-
ächtigh und spöttlich hievon geredt, er uns auch fast alle fürnemme Herren durch dieses Begehren abwendigh gemacht,
hat mich für gut und rhattsam angesehen, da wir anderst
gebächten, etwas fruchtbarlichs in unserer Commission uß zu-
richten, daß zuvor diese überzwerche Sach abgeschafft und
uß dem Weg geraumbt werden müßte. Dann gewüßlich solch
Anhaltten Jedermann so gar im Maull gewesen, daß auch
fürnemme Herren schimpflicher Weyß gefragt, ob ich auch der
Dücher halben abgefertiget sey." — Am Schlusse seiner Relation aber, wo er bem sonderbaren Schwärmer doch nicht
mehr alles und jedes Recht absprechen kann, erklärt er dem
Herzog geradezu, dieser Stammler mit seiner „Kauffmann-
schafft" und seinem „vertrüßlichen Solicitiren" habe, auch
wenn sonst nichts im Wege gewesen wäre, allein schon die
ganze Angelegenheit verderben müssen. Jetzt wird auch die
Spitze in Elisabeth's Worten fühlbar, mit welchen sie dem
Gesandten zu verstehen gab, sie habe glauben müssen, sein
Kommen gelte einer andern Sache als dem Ordensgesuch.

Breuning benützte gleich die erste Audienz bei Esser, um
den Doppelgänger unschädlich zu machen, hatte jedoch den
Verdruß, daß ihm der Graf, der nicht so ganz und gar an

der Legitimation desselben zu zweifeln schien, in höflichster
Form den Bescheid ertheilte, er möge selbst mit ihm fertig
zu werden suchen*). Mittlerweile war Stammler bei dem
Gesandten erschienen und hatte sich, mit der Entschuldigung,
daß er ihn beim ersten Zusammentreffen nicht gekannt habe,
nunmehr förmlich als wirtenbergischen Agenten vorgestellt,
der beauftragt sei, tausend Stück Tücher zollfrei auszuführen.
Auf die Frage nach seiner Instruction erwiderte er, er habe
nur ein verschlossenes Schreiben mitgebracht und dasselbe
längst überliefert. Ganz buchstäblich ist diese Aussage nicht
zu nehmen; denn er kam gleich darauf zurück und brachte
Abschriften zweier Schreiben des Herzogs an die Königin
und eines dritten, das an Burghley gerichtet war. Dieselben schienen wenig Glauben zu verdienen, und durch die
Reden, die er bei der Ueberreichung führte, machte er sich
noch verdächtiger. Obendrein wurde dem Gesandten angezeigt, der Abenteurer wolle ein Pferd kaufen. Breuning
ließ ihn daher auf La Fontaine's Rath „heimlich verhüten",
mit Befehl, ihn festzunehmen, wenn man „spüren würde,
daß er flüchtigen Fuß setzen wollte."

Nachdem diese stille Beaufsichtigung, um den Preis einer
Krone für den Tag, etwas über eine Woche gedauert, erhielt
der Gesandte von Esser eines der drei Schreiben, das erste,

---

*) „Daruff", berichtet er mißvergnügt, „hat ihne der Grave
von Esser — fürgenommen und examinirt, bey dem er sich dann
höchlich entschuldigt [gerechtfertigt] und so viel vorzubringen
wissen, daß derselbige mir sagen lassen: Weil ich selber zugegen,
wollte er mich mit ihme thun lassen, anderst nit, als wenn E. F. G.
selbsten in der Person gegenwerttigh allhie". Das heißt: er gab es
ihm auf seine Verantwortung, was er für Maßregeln ergreifen
wollte.

im Original zugeschickt. Der beiden andern konnte er, wie er sagt, nicht habhaft werden. Wie mag ihm zu Muthe gewesen sein, als er das Siegel echt befand und in der Unterschrift die Hand seines Herrn erkannte! Nur das Datum („20. Februar 1594“) fand er „falsch und uß 93 94 gemacht“, aber der Inhalt stimmte, wie er stillschweigend andeutet, mit der Abschrift überein, und Breuning konnte sich nur etwa noch auf die Vermuthung steifen, daß das Schreiben vielleicht „uff andere Weg erpracticirt*) sein möchte“. Er ließ nun „solchen Stamler“ vor sich kommen und hielt ihm seine Unwahrheiten und Widersprüche, wie er sie nannte, nebst seinem falschen Datum vor. Derselbe war sich allerdings in seinen Aussagen nicht ganz gleich geblieben, und verschlimmerte den Fehler jetzt noch mehr. Erst hatte er den direct von Hofe Abgefertigten gespielt, dann hatte er angegeben, er sei nicht vom Herzog selbst, sondern durch dritte Hand verschickt, und jetzt rückte er mit dem „Bekenntniß“ heraus, die zollfreie Ausfuhr der Tücher gehe nicht den Herzog an, sondern den Secretarius Ziegler vom Oberrathscollegium in Stuttgart, der sich diese Gnade von Jenem ausgebeten habe und auch die Kosten tragen müsse. Dieses „Bekenntniß“ aber, welchem er noch die unkluge Entschul-

---

*) Ein das damalige Hof- und Regierungswesen trefflich bezeichnender Ausdruck, welchen man anzuwenden pflegte, wenn man in unanstößiger Form zu verstehen geben wollte, daß eine Maßregel von einem Fürsten wider dessen bessere Meinung durch irgend einen Intricanten erschlichen worden sei. Friedrich selbst äußert einmal über eine von Herzog Christoph stammende Anordnung, durch die er sich beschwert glaubte: „So weißt man auch, wer solchen Antrag bey Herzog Christoffel erpracticirt hat; wär besser gewesen, derselbige hätte zum Lohn einen Strich an Hals bekommen“.

bigung beifügte, er habe seine Sache, weil sie suspect, so gut
als möglich „verblümen" müssen, wird sofort bei näherer
Prüfung eine merkwürdige Modification erleiden. Auch wer=
den wir sehen, wie es um die sogenannte Verfälschung des
Datums steht.

„Als ich mich nun hieruff bedacht und gänzlich befun=
den, daß diese Sachen E. F. G. nit angehen würden, hab
ich für hoch nothwendig gehalten, daß zu Verhütung vieler
nachtheiliger Reden, so vom Hofgesind und Kaufleuthen weiter
möchten getrieben werden, auch zu Erhaltung E. F. G. hohen
fürstlichen Reputation diese Sach verbleibe und für diesmal
hintan gesetzt werde. Doch weyll E. F. G. Hand und Si=
gill vorhanden, hab ich nichts Thättigers oder Schwerers
wider ihnne fürnemmen können, sondern ihnne abermalen be=
schickt und diesen endtlichen Bescheid geben: es wären seine
Fürgeben so widerwerttig [widersprechend], daß ich weder
dem einen noch dem andern weiter glauben könnte — —.
So könnte ich auch seinem letzten Fürgeben nit Glauben zu=
stellen; bann E. F. G. so gute Mittel [habe], derselben verbiente
Diener selbsten mit Gnaden zu ergetzen, daß sie gar nit von
Nöthen, dieselbige uff andere Potentaten zu verweysen. Be=
shalb ihme also, er sollte sich weiteres Solicitirens gänzlich
enthalten, bis so lang und viell E. F. G. ich dieser Sachen
halben unterthänig berichtet hette. Welches er mir ver=
heyßen und angezeygt, er wölle sich wieder nach Embden
begeben und daselbsten E. F. G. gnädige Resolution er=
wartten. Als ich aber yetzo baldt verreysen sollen, wird
mir durch des Grafen von Esser Secretarium, Wotton*),

*) Als „Signor Arrigo Wotton" führt er ihn bei der ersten
Erwähnung ein. Der geistreiche Mann, der einen schönen Theil
seiner Zeit hergeben mußte, um unsern Gesandten abzuholen, zu be=

angezeygt, es were gemeltter Stamler noch vorhanden unb würbe ohne Zweyfel nach meinem Verrucken [Weggehen] wiederumb ufs Newe in E. F. G. Nammen zu solicitieren anfangen. Weyll ich bann, wie mehrmalen gemellt, lautter befunden, baß solche Sach zuvorberst E. F. G., bann auch mir schäbtlich, spöttlich unb nachtheiligh sein würbe, unb gantz unb gar zu Befürberung E. F. G. Intent nit bien= nen: so hab ich zu meinem Abschiebt ihme Stamler alle Löcher verloffen, sowohl bei dem Herrn Grafen von Esser als bem granb Thresorier, bamit ber letzt Betrugh nit erger alß ber erste".

Die Art aber, wie ber rüstige Fuchsjäger seinem Wilbe bie Löcher verlief, bestanb barin, baß er an Burghley, ber am Pobagra „übel uff" war, schriftlich, unb an Esser bei ber Abschiebsaubienz münblich bie Bitte richtete, bem Stamm= ler keinen Glauben zu schenken, bis ber Herzog selbst seine Willensmeinung erklärt haben würbe. Worauf ber Graf erwiberte, er wolle gebeten haben, baß bas balbmöglichst geschehe.

„Factum est", steht von ber Hanb bes Herzogs ge= schrieben am Ranbe. Gleich nach Breuning's Zurückkunft nämlich ergingen zwei Schreiben nach Lonbon, beren eines an bie Königin, bas anbere nicht an Esser, sonbern jetzt wieber an Burghley gerichtet war. Vielleicht wollte man bas frühere Versehen gut machen, benn am Schluße bankt ber Herzog ihm unb seinem Sohne Robert Cecil für ihre Bemühungen wegen bes Orbens; in ber Hauptsache jeboch scheint Mylorb als biejenige Behörbe angesehen worben zu

gleiten ꝛc., suchte, wie es scheint, Gelegenheit, sich im Italienischen zu üben. Wir werben ihm künftig noch begegnen.

sein, mit welcher man die Finanzangelegenheiten und was damit zusammenhing, abzumachen habe*). Von diesem zwei=
ten Schreiben nun hat sich das Concept im K. Archiv zu Stuttgart erhalten und die der Stummler'schen Angelegen=
heit geltende Stelle**) ergänzt Breuning's Relation in einer Weise, daß jedes der beiden Actenstücke das andere com=
mentirt.

Versuchen wir es mit diesem Schlüssel in ein kleines

---

*) Die Badenfahrt nennt ihn gar den „großen Rentmeister in Engelland".

**) Die vom K. Archiv in Stuttgart mit gewohnter Liberalität mitgetheilte Stelle aus dem Concept des Schreibens an Lord Burghley lautet so: » . . . . Praeterea idem Legatus noster nobis hu-
militer retulit de quodam, qui ante aliquot annos ad usum aulae nostrae certum pannorum numerum exportare ex Ang-
lia debuerat, quomodo eundem adhuc illic repererit apud Serenissimam Regiam Maj^{tem} et Illustrissimum regium Consilium, praecipue vero apud Te importune etiam post accep-
tum semel regium clementissimum responsum instantem.
Qua in re, quia is contra nostram voluntatem fecit, id Tibi reticere noluimus. Verum quidem esse plus ante tres annos a Regia Maj^{te} per literas nos petiisse, ut 1000 pannos ad usum aulae nostrae sine solutione datii aut gabellae ex regno suo evehi clementissime permitteret, easque literas, quia traditas non esse ad nos relatum fuerat, postea renovasse.
Cum enim non solum inter Germaniae, sed et vicinos exteros principes sit res usitatissima, ut quae ad usum aulae vel ip-
sorum principum sunt, ab omni datio libera alter alteri per-
mittamus, si modo verbo res principis esse significetur (uti ex Hungaria aliisque Caes^{ae} Maj^{tt} subditis regionibus aliquot centena boum (quae non minus quam 1000 panni in aula nostra facile consumuntur) quotannis ad nos sine ullo telonio adducuntur, nosque vicissim quibuslibet principibus

diplomatiſches Labyrinth des 16. Jahrhunderts einzubringen.
Wir dürfen uns die Mühe nicht verdrießen laſſen, denn
was dabei herauskommt, iſt ſchließlich ein Stückchen Shak=
ſpearecommentar.

Der Herzog erklärt in dem Schreiben an den Groß=
ſchatzmeiſter unumwunden, daß es mit dem beabſichtigten
Ankauf von tauſend Stück Tuch und der Bitte um deren
zollfreie Ausfuhr ſeine Richtigkeit habe, ſo wie auch, daß
dieſelben für den Bedarf ſeines Hofes beſtimmt geweſen
ſeien. Man erſieht hieraus, daß Stammler unter der Wahr=

---

lubentissime permittimus, vinorum maximas quantitates ex
territoriis nostris et per eadem evehere: quorum tamen gabellae facile ad maiorem summam quam pannorum istorum
excurrunt): Ideo apud Sermam Regiam Majtem nos idem tentavi-
mus, utpote quod rem parvi momenti eam esse crederemus: non
secus atque nos, si suae Sermae Majti , Vobis ipsis vel aliis
quibuscunque regni proceribus concederemus, nihil nos fe-
cisse, sed magis ea re honoratos quam gravatos crederemus.
Quod si aliquid hic gravaminis fore vel suspicati fuissemus,
nunquam hujus rei a nobis mentio facta fuisset, vel si verbo
id nobis postmodum significatum fuisset, certè ulterius super
re tam vili Regiam Majtem vel Vos inquietari nequaquam
permisissemus. Ideo quod tam importune etiam post habitum
Regium responsum (quod quidem necdum vidimus) ille in-
stare ausus fuit, id volumus ut sciatis contra voluntatem et
mandatum nostrum, nobis plane insciis et hujus negotii iam
dudum oblitis, ab illo temere factum esse, nosque si ejus
copia nobis fiat, ita in eum animadversuros, ut Serma R.
Majtas ac universum Illmum Regium Consilium cognoscat,
nobis hanc illius importunam audaciam extreme displicere
ac ipse dediscat quae sibi commissa non sunt urgere et sol-
licitare, neque temere et audacter pro Legato se vendicare
debere . . . . . Datae Stutgardiae Julii [sic] Anno 95.«

heit blieb, wenn er das Geschäft für eine Privat- und
Gnadensache des expedirenden Beamten ausgab, und es ist
zweifelhaft, ob er hier durch Breuning's decidirte Sprache
irre gemacht worden war, oder ob er zuletzt, in Angst ge-
jagt, den Herzog bei dessen eigenem Gesandten herauszu-
lügen suchte, um der drohenden Ungnade wo möglich noch
zu entgehen. Jedenfalls erscheint er als ein desperater
Mensch, der gegen sich selbst spricht, während die Acten
für ihn zeugen; eine Erscheinung freilich, die in jenen
Zeiten, auch ohne Folter, nicht eben selten ist.

Sein erstes Bittschreiben, fährt der Herzog fort, sei,
wie man ihm gemeldet, nicht überliefert worden, und deshalb habe er die Bitte wiederholt. Welche Bewandtniß es
mit jenem Schreiben und der Zeit seines Abgangs hatte,
wird gleich hernach in vollerem Zusammenhang erhellen.

Einander für den eigenen Bedarf oder den des Hofes
Zollfreiheit zu gestatten, heißt es weiter, sei unter den deutschen und den benachbarten Fürsten hergebracht, wie denn
der Kaiser dem Herzog Hunderte von Ochsen und der Herzog hinwieder jeglichem Fürsten die größten Weinvorräthe
frei passiren lasse. Diese festländische Handelspolitik im
Gegensatze zu der insularischen Nationalökonomie jener Tage
beschäftigt uns hier nicht weiter; doch wird man immerhin
der letzteren zugestehen müssen, daß sie in dem angesonnenen
Falle zum wenigsten die Gegenseitigkeit zu vermissen berechtigt war. Eben so wenig verweilen wir bei den einge-
streuten Bemerkungen und Winken, wie z. B. daß der her-
zogliche Hof an Ochsen wohl so viel consumire als an
Tüchern; oder daß die von Wirtenberg nachgelassenen Wein-
zölle leicht mehr betragen dürften als die Abgabe auf das

bischen Tuch; daß der Herzog eine ähnliche Gefälligkeit
gegen die Königin oder ihre Großen sich lediglich zur Ehre
gerechnet haben würde; daß ihm niemals eingefallen wäre,
auf einer solchen Bagatelle zu bestehen, wenn man ihm
nur ein Wort gesagt hätte, u. dgl.; Bemerkungen übrigens,
die seinem „Intent" nicht eben großen Vorschub gethan
haben mögen.

Näher dagegen müssen wir auf denjenigen Theil der
Erklärung eingehen, der dem Agenten selbst gewidmet ist.

Nach einmal erfolgtem abschlägigen Bescheide, heißt es,
hätte derselbe abstehen und nicht so ungestüm fortsollicitiren
sollen. Im Betretungsfalle werde daher an ihm ein Exem=
pel statuirt werden, theils zur Genugthuung des Herzogs
der Königin gegenüber, theils damit er verlerne, Dinge zu
betreiben, die ihm nicht aufgetragen seien, und sich frecher=
weise für einen Gesandten auszugeben.

Also im Anfang seiner Sendung, so wird ausdrücklich
anerkannt, hat er als rechtmäßiger Agent gehandelt, dessen
Legitimation erst allenfalls in Folge einer abschlägigen Ant=
wort erlöschen konnte. Diese Antwort aber, die der Herzog
voraussetzt, ist in Wirklichkeit gar nicht erfolgt; vielmehr
hat man den ungelegenen Sollicitanten, wie schon jetzt aus
Allem erhellt und später noch deutlicher erhellen wird, ohne
definitiven Bescheid auf der Bärenhaut oder diesfalls auf
dem Schwanenfelle *) liegen und sein Geld verzehren lassen.

---

*) Wem über der Bezeichnung des Wirthshauses, in welchem
Stammler wohnte, das Theater dieses Namens vorschweben möchte,
dem ist zu erwidern, daß zwar die Londoner Bühnen ursprünglich
und zum Theil wohl auch noch zu der betreffenden Zeit in Wirths=
haushöfen eingerichtet waren, daß aber das Schwantheater auf der

Der Herzog, heißt es in dieser Beziehung, habe bis zur
Stunde eine königliche Antwort wegen der tausend Tücher
nicht erhalten, und habe die Zeit her, während Jener drauf
los sollicitirt, die ganze Sache vergessen. Daß der Agent
selbst ihn ohne allen Bericht gelassen habe, ist nicht gesagt;
und falls er ihm etwa ein förmliches Nein der Königin
unterschlagen hätte, so müßte dieser phantastische Verrath durch
Breuning's Umsicht mit schrecklicher Klarheit an den Tag
gekommen sein. Somit bleibt in der Hauptsache nur noch
die Beschuldigung, daß er unberufen und obenbrein zubring=
lich seiner Commission obzuliegen fortgefahren habe. Allein,
daß ihm ein Gegenbefehl oder eine Abberufung zugegangen
sei, davon steht nichts in dem Verleugnungsschreiben; und
ein Diplomat jener Tage, der nicht zubringlich gewesen
wäre (besonders wenn er bei einer Größe wie Esser eini=
gen Credit verspürte), hätte sich hieburch weit eher als
durch das Gegentheil bei seinem Herrn den Strick gedreht.
Daß Breuning nach so vielen unbeantworteten Schreiben
und zuletzt gar mündlich post acceptum plus quam semel
regium clementissimum responsum der Königin noch bei
seiner Abschiedsrede mit einem Sollicitationsversuch zu Leibe
ging, „das ist recht gewesen."

Die Anmaßung der Gesandtenwürde endlich findet
sich in Breuning's Berichte nichts weniger als genügend
dargethan. In der kritischen Stunde, wo der Gesandte
als Unbekannter mit ihm zechte, sagte Stammler blos, er
sei in Geschäften des Herzogs von Wirtenberg hier, und
sein größtes Falsum war, sich einen Secretarium schelten

Bankseite, der weiße Schwan dagegen diesseits der Themse im
Fleetbezirke lag.

zu laſſen. Dem Nächſten Beſten inter pocula zu vertrauen, daß ſeine Verrichtung in elf Monaten keinen Fortgang gehabt habe und daß der Großſchatzmeiſter von einem Herzog. von Wirtenberg nichts wiſſe, das war freilich „ohngereumbt.“ Das Verdächtigſte, was Breuning gegen ihn aus ſeinen verſchiedenen Vernehmlaſſungen vorbringt, iſt die Ausſage, daß er der Königin im Namen des Herzogs ein Kleinod im Werth von vierhundert Pfund Sterling „präſentiren“ wolle; allein ſo wie die Dinge jetzt ſtehen, können wir dieſen Punkt ohne weitere Indicien vorläufig nicht zur Entſcheidung bringen. Breuning's Relation macht uns mit ſchüchternen Beglückungsverſuchen bekannt, die ſich mehr oder minder dicht bis an Burghley und Eſſer heranwagten, und in Stammler's Abſchrift jenes herzoglichen Schreibens an den Erſteren, die nachher zur Prüfung kommen wird, erhält Mylord geradezu eine goldene Kette für ſeine „Bemühungen“ in Sachen der Zollfreiheit angeboten. Einem verweigerten Wunſche, der ihm eben hiedurch zur Ehrenſache wurde, konnte Herzog Friedrich die unverhältnißmäßigſten Opfer bringen, und die goldene Kette war in dieſem Falle eine Kleinigkeit.

Bis hieher iſt Heinrich Stammler offenbar nicht ſo ſchuldig, wie der Geſandte und deſſen Herr ihn darſtellen. Seine Angaben über ſeine perſönlichen Verhältniſſe verſtoßen nach keiner Seite gegen die Wahrſcheinlichkeit. Die Familie, welcher er ſich angehörig nannte, blühte wirklich damals in Augsburg, und zwar unter den Geſchlechtern*).

---

*) Paul v. Stetten Geſchichte d. abeligen Geſchlechter in der fr. Reichsſt Augsburg, S. 237, wo die Stammler vom Hut aufgeführt werden. Ein Johann Heinrich dieſes Namens wird zwar

Daß sein Vater Obervogt in Stettenfels gewesen, reimt sich sehr gut mit dem Umstande, daß diese Herrschaft, ein vormals wirtenbergisches Lehen, während Ulrich's Verbannung dem Herzogthum abhanden gekommen und seitdem Anton Fugger'sches Besitzthum geworden war. Jener Schertel, mit dem er an den wirtenbergischen Hof gegangen, trägt ebenfalls einen Augsburger Namen, und von sehr bekanntem Klange, denn er war offenbar nichts Geringeres als ein Enkel des Kriegshelden Sebastian Schertlin von Burtenbach, dessen Nachkommen sich heute noch Schertel v. B. schreiben. Der Mangel an Stuttgarter Localkunde aber, durch welchen Stammler sich im ersten Augenblicke so besonders verdächtig machte, ist aus seiner kurzen Anwesenheit am dortigen Hofe genügend erklärt.

Er war einer jener unzähligen Abenteurer, die sich aus allen Ständen an den Höfen zubrängten, Dienste anboten oder Projecte einreichten, und vorerst mit einem kleinen Angeld oder auch auf eigene Kosten sich zu Commissionen brauchen ließen, worin es sich zeigen sollte, „in was Sattel der Mann gerecht wäre." Mancher derselben hat auf diese Weise seinen Weg gemacht, einen Leichenstein mit dem salbungsvollsten Verzeichniß seiner religiösen, sittlichen und politischen Tugenden und eine Familie in Ehren und Würden hinterlassen. Wer aber, was so oft gleichbedeutend, ungeschickt war oder Mißgeschick hatte, der durfte von Glück sagen, wenn man ihn bloß fallen ließ und nicht noch schlimmer mit ihm verfuhr.

---

dort nicht genannt, aber die Genealogie ist, wie der Abschnitt selbst ergibt, verworren und unvollständig.

Zu dieser Mehrzahl gehörte unser Augsburger Diplomat. Er hatte sich in eine Sendung der verfehltesten Art
eingelassen, deren Verlauf wir erst jetzt so weit als nöthig
überschauen können.

Die Eingebung des Herzogs, aus welcher diese Commission hervorging, stammt, wie leicht zu errathen, von
seiner englischen Reise im Jahr 1592 her. „Lündisch Tuch,
aber fürstenmäßig zollfrei, und das Hosenband dazu", mit
diesem unveränderlichen Gedanken scheint er England verlassen zu haben. In der befreundeten, damals gräflich ost-
friesischen Hauptstadt Emden, die er auf der Hin- und Her-
reise berührte, hatte er zum dortigen „Pfennigmeister" Jhering Vertrauen gefaßt. Diesem schickte er im folgenden
Jahre, 1593, ein auf den „Thresorier Joachim Jhering"
ausgestelltes Schreiben an die Königin mit der Bitte um
Zollfreiheit für tausend Tücher, dasselbe, das Breuning
zwei Jahre darauf im Original gesehen hat. Es war ursprünglich vom 20. Februar jenes Jahres datirt*).

Zur Zeit der Abfassung dieses Schreibens befand sich
Graf Friedrich in Stuttgart, um den verfassungsmäßig
bindenden Erbfolgevertrag mit dem regierenden Vetter,

---

*) Mr. Rye (Introduction p. LXIII.), der das Schreiben
gleichfalls kennt, gibt das Datum, wie auch Breuning zuerst es las,
nämlich „20. Februar 1594". Das Kennzeichen, woran Breuning
die Fälschung erkannte, hat dieser nicht zu nennen für gut befunden;
es kann wohl nur die abweichende Handschrift oder Tinte gewesen
sein. Die Thatsache selbst, d. h. die Aenderung des Datums, steht
außer Zweifel, wie sich oben sofort erweisen wird. Jedoch die Zeit-
angabe »plus ante tres annos«, wonach ja das Schreiben noch
älter als die englische Reise wäre, hat ein Jahr zu viel. Dasselbe
war vielmehr im Juli 1595 über zwei Jahre alt.

welchen die Todesahnung zu drängen schien, nicht ohne unwilliges Zögern abzuschließen*). Die Aussicht auf die Succession war jetzt stark in die Nähe gerückt, und der bevorstehende Bedarf der neuen Hofhaltung gebot die Tuchbestellung auf tausend Stück auszudehnen. Ihering aber unterzog sich dem Auftrage nicht. So wurde denn Stammler — dessen Angaben bei allem ängstlichen Schwanken doch in den Hauptpunkten mit dem ganzen Sachverhalte, wie er urkundlich vorliegt, durchaus übereinstimmen — Anfangs 1594 durch den Secretarius Ziegler in Stuttgart an den Embener Pfennigmeister abgefertigt. Bei diesem fand er das „verlegene" Schreiben vom vorigen Jahr. Der Pfennigmeister, so erklärte sich Stammler nachher gegen Breuning, sei „principaliter" zu der Sache abgefertigt gewesen, habe aber dieselbe seiner Geschäfte halber nicht selbst verrichten können und habe daher ihn substituirt. Weil aber das Datum des Schreibens jetzt nicht mehr stimmte, habe „man", so fuhr unser Augsburger Bummler fort, die Jahreszahl 93 in 94 verändert.

Die „Fälschung" wäre also sehr harmlos; nur fragt es sich, wer dieselbe vorgenommen haben soll. Unter der unbestimmten Collectivperson, die in Stammler's Aussage die That-handlung begeht, scheint nach der natürlichsten Auslegung er selbst im Vereine mit dem Pfennigmeister verstanden werden zu müssen. Nur steht dieser Annahme das kleine Bedenken entgegen, daß das Schreiben, wie wir aus Stammler's Munde wissen, versiegelt war. Freilich handelt es sich da noch um ein ganz anderes Bedenken. Das Schreiben trägt nämlich die Unterschrift „Friedrich Duc de Wirtemberg-Montbeliard", und Breuning, der das

---

*) Sattler V. 146 f. Beilage 26.

Datum so scharf auf's Korn nahm, sagt gar nicht, daß
er auch an der Unterschrift etwas Verdächtiges gefunden
habe*). Wenn aber diese Unterschrift ursprünglich vom
20. Februar 1593 ist, so stammt sie aus einer Zeit, wo
Herzog Ludwig's Lämpchen († 8. August) noch nicht ganz
erloschen war, würde also, wenn der sie zu Gesicht bekommen hätte, eine Controverse verursacht haben, die vielleicht nicht so friedlich abgelaufen wäre wie die Kronenscene
im zweiten Theil von Shakspeare's Heinrich IV.

Allein der entgegengesetzten Annahme stehen ernstlichere
Bedenken im Wege. Wenn nämlich die Aenderung des
Datums in Stuttgart geschah, so wurde sie selbstverständlich von der gleichen Kanzleihand bewerkstelligt, die
das ursprüngliche Datum geschrieben hatte, und dann lag
für Breuning kein Grund zur Vermuthung einer Fälschung vor. Noch mehr jedoch: wenn das Schreiben nach
Stuttgart zurückgekommen wäre, so hätte es dort,
nachdem Jhering seinen Auftrag abgelehnt, für nicht
weiter bestellbar erkannt werden müssen. Demnach scheint
sich die Wahrscheinlichkeit trotz alles Bedenkens auf die Seite
der ersteren Annahme zu neigen. Ist aber diese die richtige, so wird die „Fälschung", obgleich an einem verschlos-
senen Schreiben verübt, geradezu eine Tugend: denn alsdann hat sie die Unterschrift mit dem Herzogstitel glücklich
weiß gebrannt.

Unser Abenteurer trat nun mit dem Schreiben zu London auf, wo er gewiß in seiner Offenherzigkeit gegen Nie-

---

*) Er sagt zuerst, sie sei ihm „etwas glaublich gewesen", fußt
aber gleich darauf ohne Weiteres auf der zweifellosen Echtheit von
Hand und Sigill, während er seinem Herrn stillschweigend den
usurpirten Titel vorhält. S. 60 f.

manb verhehlte, daß er ein Augsburger Stammler sei, ein
Sohn des gewesenen Obervogts von Stettenfels. Die Be=
glaubigung aber lautete auf den Pfennigmeister in Emden.
Da man nun, wie wir uns schon hinlänglich überzeugt
haben, unter dem englischen Weiberregimente, troß all seiner
Großartigkeit wunderjame Zumuthungen auswärtiger Gön=
ner lieber mittelbar als unmittelbar abwies, so wird
man ihm ohne allen Zweifel gesagt haben, diesem Schreiben
könne keine Geltung beigemessen werden, was er eben so
unzweifelhaft pflichtschuldigst nach Stuttgart berichtet hat.
Wenn es also in der Erklärung an Burghley heißt,
jenes erste Schreiben sei laut eingelaufenen Berichtes nicht
überliefert worden, so ist dies in so fern richtig, als die
Ueberlieferung nicht durch den rechten Mann geschah. Ueber=
liefert aber wurde es, denn Breuning hat es ja von Esser
zur Einsicht erhalten, und es liegt heute noch im Britiſh
Museum aufbewahrt.

Hatte nun Stammler sich unbefugt von Jhering sub=
stituiren lassen, und wurde er jetzt auf seinen Bericht hin
vom Herzog jach zurückberufen und in die Wippe gesprochen,
so geschah ihm sicherlich vollkommen recht. Allein das ge=
rade Gegentheil erfolgte. Nicht nur steht in dem Verleug=
nungsschreiben kein Wort davon, daß er sich von vorn
herein unberufen in die Commission eingebrängt habe, son=
dern man liest ganz deutlich, daß er jetzt wiederholt und
auf seinen eigenen Namen mit der Sollicitation betraut
worden ist. Die Bitte, heißt es ja, sei erneuert worden.
Durch wen anders aber kann die erneuerte Bitte jetzt ein=
gereicht worden sein als durch Stammler?*)

---

*) »Qui ante aliquot annos certum pannorum numerum

4*

Somit können benn auch seine Abschriften der beiben Bittschreiben späteren Datums, zumal im Hinblick auf die Echtheit seiner Abschrift des früheren Schreibens, nicht mehr so unglaublich erscheinen, wie sie Breuning fand. Bei dem an Burghley gerichteten hält der Glaube freilich etwas schwer, benn man muß zu ber golbenen Last ber Kette auch noch anbere Lasten tragen, nämlich Ausbrücke himmelhoher Herab=lassung*); aber wir wissen ja von Stammler, baß ber Brief ben würbigen alten Herrn, troß ber Floskeln, bie er nach=her gegen Breuning machte, ein wenig verbrossen hat. Ob er gleichwohl bie Kette annahm ober ob sie, zurückgewiesen, in ben Hänben bes Agenten blieb, ist nicht zu ermitteln; boch hatte bamals, wie bekannt, fast Alles offene Hänbe.

Was Breuning an ben beiben Abschriften besonders ver=bächtig fanb, war abermals bas Datum, nämlich „Stutt=gart ben 12. December 1594", zu welcher Zeit ber Herzog, wie er sich erinnerte, nicht in Stuttgart, sonbern „wegen Sterbsleuffen" anberswo im Lanbe gewesen war. Stammler verantwortete sich hierauf, bie Briefe seien „wegen Weite bes Wegs" vorausbatirt worben, bamit sie nicht zu alt würben, unb auch biese Aussage ist an sich burchaus glaubwürbig. Man barf nur bas Datum bes Concepts vom „Julii 95" betrachten. Es ist ein Kanzleibatum, bas fast wie ein Kanzleitrost lautet, aber für bas Verfahren in Datirung ber

---

exportare ex Anglia debuerat«, bas war buchstäblich genommen Jhering, aber mitten im Saße verwanbelt sich berselbe in Stamm=ler, benn, heißt es, Breuning habe berichtet, »quomodo eundem adhuc illic repererit importune instantem.«

*) »Monsieur, Je ne doute« etc. » . . . Dont mon commis, le present porteur, ha charge vous faire present de ma part vne chaine d'or pour vos peines, la quelle accep-

auswärtigen Correspondenz bezeichnend ist*). Freilich, wenn ein Gesandter sein Creditiv in einem Weinhefenfasse verbergen mußte, welchen Zufällen und Verzögerungen mögen solche Versendungsstücke in geringeren Händen ausgesetzt gewesen sein!

Eher als ein nicht mit dem Aufenthalte des Herzogs stimmendes Datum könnte die lange Zwischenzeit von Stammler's Ankunft in London, Frühjahr 1594, bis zum Einlaufe der wiederholten herzoglichen Schreiben vom December dieses Jahres befremden. Allein Stammler hat dem Gesandten bei einer ganz andern, unverfänglichen Gelegenheit, nämlich gleich beim ersten Zusammentreffen im weißen Schwan erzählt, er habe dem Herzog dazwischen eine Commission in Frankreich besorgen müssen.

Während so mehr und mehr die Zweifel schwinden, kommt aus England noch ein directes Zeugniß für die Echtheit dieser Abschriften nach. Das eine der beiden December-

---

teres, s'il vous plaist, de bon coeur, et en tous lieux, ou j'aurey moyen de recognoistre cela en Vostre endroict, ie suis [?] content de vous gratifier a Vostre contentement etc.«

*) Das Schreiben selbst ist vom 14. Juli 1595 datirt (Rye p. LXX). Am 7. Juli war Breuning wieder in Stuttgart eingetroffen, hatte das Schreiben von der Königin überbracht und sodann seinen Bericht erstattet, der aber wohl mehr als acht Tage in Anspruch nahm. Diesmal jedoch war die Rückantwort dringend, daher für alle Fälle wenigstens das Datum zeigen sollte, daß man sie unverweilt erlassen habe. Das Kanzleidatum wird also etwa so viel besagen, daß sie noch im Juli abgegangen ist. Wahrscheinlich wurde sie der Post übergeben, und da Schreiben dieser Art, bei aller Mangelhaftigkeit der Verkehrsverhältnisse, sicherer liefen als persönlich überbrachte, so ist nicht zu zweifeln, daß dieses Julischreiben ohne Anstoß nach London gelangte, wo es denn auch heute noch liegt.

schreiben nämlich, das an Burghley, ist noch vorhanden und von Mr. Rye gelesen worden. Derselbe theilt zwar nicht ben Wortlaut, wohl aber den Inhalt und insbesondere auch das Datum mit*), und eine Angabe wie die andere stimmt mit Stammler's Abschrift dieses Schreibens völlig überein. Es bleibt sonach nichts übrig, als auch der Abschrift des zweiten Schreibens an die Königin, vom gleichen Datum und auf ihn selbst als „mon commis Jehan Henry Stamler" ausgestellt, nunmehr vollen Glauben zu schenken.

Dieses Datum der erneuerten Bitte aber, 12. December 1594, führt zu der überraschenden Entdeckung, daß Stammler seine Sollicitation, nämlich die zweite, wirkliche, auf's Allerhöchste erst etwa zu Anfang 1595, knapp acht Wochen vor Breuning's Absendung, in's Werk setzen konnte; und unwillkürlich fragt man sich, ob dieser die Wahrheit sagt, wenn er berichtet, er habe die beiden Schreiben nicht im Original gesehen. Von dem an Burghley ist es zu glauben; aber das an die Königin konnte er doch sicherlich so leicht erhalten wie das frühere. Hat er es aber gesehen und für echt erkannt, so mochte ihm freilich die Feder ihren Dienst versagen. Auch hätte er, wenn er offen herausfuhr, nicht mehr so geschickt auf Stammler losschlagen können, um den Herzog zu treffen. Breuning war ein kluger Mann, geriebener als der Hofprediger Lucas Osianber, dem unter seinen Paukenschlägen die Kanzel zusammenbrach.

Unser Augsburger Abenteurer droht uns unter der Hand,

---

*) Er fährt in der Aufzählung der Schreiben von 1594 fort: »The Duke on the 12th of December adresses a request to Lord Burghley to be allowed to transport, free of duty, 1000 pieces of cloth, sending him a gold chain for his trouble.« (Introduction p. LXIII.)

die vom herrschenden Rettungsfieber angesteckt scheint, immer
unschuldiger zu werden. Da würden wir denn doch das
Geschäft schlecht verstehen. Heutzutage rettet man bloß noch
große Tyrannen und Kaiser, nicht aber einen armen Schlucker,
der auf alle Fälle Unrecht behalten soll. So müssen denn
auch wir jetzt wohl oder übel, von dieser Seite wenigstens,
mit dem Strome schwimmen und den dummen Teufel fallen
lassen. Er hat sich einmal jenen Mächten verschrieben, die
er nun in kummervollen Nächten kennen lernt, nicht den
himmlischen, sondern den Göttern dieser Welt, die ihn in
das diplomatische Leben einführten und schuldig werden
ließen.

Bereits sehen wir ihn auf abschüssiger Bahn: denn er
erbot sich gegen Breuning, nach Emden zurückzugehen, und
hat nicht Wort gehalten. Freilich ist er vielleicht auch hierin nicht so schuldig wie er aussieht, denn man hat ihn
nicht nur moralisch, sondern, wie leicht zu erachten, auch
finanziell auf den Sand gesetzt. Der Secretarius Ziegler,
auf dessen Privatcasse er in seinem Aberglauben „yetzo alle
Costen gehen“ sieht, wird wenig von sich hören lassen. Breuning, falls er je den Muth haben sollte, diesen anzugehen,
weiß selbst kaum wie er das nöthige Geld zur Heimreise
aufbringen soll. Läuft vollends das Julischreiben an Burghley ein, so kann sich der aufgegebene Agent in London
nicht mehr halten. Den Kaufschilling für die Tücher an-
zugreifen möchten wir ihm nicht rathen, schon darum weil
er ihn nicht in Händen hat: der Pfennigmeister in Emden
sollte vorderhand für die Bezahlung dieses Artikels sorgen.
Das Kleinod, von dem er fabelte, wird nicht einmal in
Emden, sondern wohl gar noch in Stuttgart sein*).

---

*) „Es were auch ein Cleinnot wie ein Schüff formirt ent-

Während aber so für seinen Wortbruch mildernde Um-
stände sprechen wollen, ist es gerade unter diesen Umständen nur um so verdächtiger, daß er sich ein Pferd kaufen
will. Dazu gehört einmal Geld, und dann reist man von
London nach Emden nicht zu Pferde.

Doch was brauchen wir uns mit bloßen Vermuthungs-
schlüssen aufzuhalten? Haben wir ja doch einen geschwore-
nen Zeugen gegen ihn. Sattler, der hier recht wie mit
einer Verzahnung in die Lücke unserer Geschichte eingreift,
sagt bei Erwähnung des Zusammentreffens zwischen Breuning und Stammler von Letzterem: „Dieser machte sich durch
seine Aufführung verächtlich und wurde wegen seiner
lieberlichen Streiche aus dem Königreich verwiesen."*)

Freilich, ist der erste Theil seines Satzes nur aus Breuning's Relation geschöpft, so las er solche, zumal ihm auch
das Juliconcept zu Gebote stand, mit stark angelaufener
Brille. Nun haben wir zwar früher schon aus einem Beispiel ersehen, daß er allerdings an dieser Stelle nicht ganz
correct berichtet, daß er eine ihm in seiner Quelle vorlie-
gende Unterredung etwas zu flüchtig überlesen hat. Wo er
aber, wie im zweiten Theil des Satzes, nicht etwa bloß
einen Schluß zieht, sondern eine positive Thatsache gibt, da
wird ihm Niemand, der ihn kennt, den Glauben entziehen.
Er würde nicht sagen, Stammler sei aus England verwiesen

halben" 2c., d. h. jenseits vorhanden, sagt Stammler in Breuning's Relation. Dieser braucht das Wort zweimal, und jedesmal
in einem Zusammenhange, wo er sich etwas unbestimmt auszudrücken
zu wollen scheint. Das Kleinod dürfte uns indessen vielleicht später
noch einmal unter die Hände kommen.
*) V, 185.

worden, wenn er nicht eine besondere Quelle vor sich ge=
habt hätte, die ihm von dessen Leben und Thaten über Breu=
ning's Mittheilungen hinaus noch etwas Weiteres berichtete.
Aus diesen kann er seine Aussage nicht genommen haben,
es müßte ihm denn nur das freiwillige Erbieten Stamm=
ler's, nach Emden zu gehen, zu einer „Verweisung aus dem
Königreich" geworden sein. Wer möchte ihm ein Einnicken
dieser Art zutrauen? Das Julischreiben sodann konnte
ihn immerhin schließen lassen, daß Stammler nach dessen
Eintreffen in den Augen der englischen Regierung ganz
und gar überflüssig geworden sei; die Verschuldungen je=
doch, deren dieser von Breuning und dem Herzog bezichtigt
wird, waren für Sattler, im Sinn der Redeweise seiner
Zeit, etwa „lose und leichtfertige Stücke", aber noch lange
nicht „liederliche Streiche". Die Quelle freilich, die ihm
von solchen erzählte, findet sich laut zuverlässiger Versiche=
rung im K. Archiv zu Stuttgart nicht mehr vor.

Wer mit Sattler's Sprache vertraut ist, wird in diesem
Ausdruck einen mehr oder weniger hochnothpeinlichen
Beigeschmack empfinden. Da wir nun unsern Helden bei
Breuning zuletzt in einem Pferdehandel begriffen sehen,
so läßt uns dieser Berichterstatter mit seinem Abgang aus
England in einer Art dramatischer Spannung zurück. Er
selbst hatte die Pferde so „werth und theuer" gefunden, daß
man „alles mit doppeltem Geltt bezahlen" mußte, und da
in London nichts zu haben war, so hatte er sich, obwohl
ebenfalls fruchtlos, nach Greenwich („Grinowitz") gewandt.
Andern erging es nicht besser. „Es hatte Landtgraue Mo=
ritz von Hessen Pferdt halben einen Lacqueien lange Zeytt
zu Londen liegen gehabt, aber hette uß angezognen Uhr=
sachen noch zu unserem Abreysen biß Orths nichts verrich=

ten können".*) Auf einem so beschaffenen Markte konnte sich ein Mensch in verzweifelter Lage, wie Stammler, durch einen glücklichen Pferdekauf, als Zwischenhändler nämlich, am besten auf die Beine zu helfen hoffen. Leider nur, je kleiner das Betriebscapital, desto größer die Schwierigkeit und die Versuchung. „Junge Leute wollen auch leben" — dieser Gedanke eines witzigen alten Kopfes kann unter gewissen Umständen gar leicht auch in einem unwitzigen jüngeren Gehirne aufgegangen sein.

---

*) „Von Rossen", sagt die Badenfahrt, „hat es sehr viel, die doch niederträchtig und klein, aber ganz gäng, mehrertheils herrliche gute Zelter, und verschnitten. Es wird auch von der Königin ohne Paßport niemandts gestattet, solche Pferdt außerhalb des Königreichs zu verführen."

Der Wirth zum Hosenband und seine deutschen Gäste.

Wir sind hart vor dem Punkte angelangt, um dessen willen wir den ganzen weiten Weg unternommen haben. Der Vorhang des altenglischen Theaters öffnet sich nach beiden Seiten, und die Lustigen Weiber von Windsor sollen über die Bretter gehen.

Zuvor aber werfen wir noch einen Blick auf das Publicum, das eifrig an seinen Thonpfeifen saugt*), und versuchen den geschichtlichen Thatbestand, dessen genaue Feststellung denn doch etwas Zeit und Athem gekostet, wieder in jene schwankenden Gerüchte aufzulösen, wie sie aus den Vorzimmern des Hofes nach der Börse und unter das Volk gedrungen sind. Da ist zuerst ein deutscher Herzog aufgetreten, der eigentlich kein Herzog, sondern der Neffe oder Vetter eines solchen war. Von dem ist dann ausgekommen, daß er das Hosenband begehre, und man sieht auch einen Gesandten um den andern anlangen, der dem Vernehmen nach um diesen Orden sollicitirt**). Auf ein-

---

*) Vgl. das bekannte Itinerarium von Paulus Hentzner.

**) La Fontaine meinte gegen Breuning, wenn man von Anfang an statt durch die wiederholten Gesandtschaften die Sache durch

mal aber platzt von gleicher Seite eine Sollicitation um
zollfreie Ausfuhr von tausend Tüchern herein und macht
den Lärm noch größer *). Jetzt trifft vollends ein Vierter
oder gar Fünfter (Breuning) ein, der in einem königlichen
Schiff auf goldenem Kissen unter einem Himmel von ro=
them Atlas nach Hof geholt wird. Ist das wohl der
Herzog selbst? Oder kommt der Herzog erst nach? Und
was werden diese merkwürdigen Mompelgarter noch für
weitere Forderungen ersinnen? Doch während man sich
so fragt, und während man Alles, was zum Herzog eine
Beziehung hat oder sich gar für seinen Gesandten, seinen
Vertrauten ausgibt, mit dem postulirten Hosenbande be=
haftet sieht, wird von einem der Fremdlinge ein Falstaffs=
streich begangen, und der schlägt durch.

Die Komödie der „Lustigen Weiber" **) ist ein mit ge=
nialem Wurfe leicht gezimmerter Bau, dessen Material in
gewissem Sinne ganz und gar der Wirklichkeit und zum
Theil der Wirklichkeit des Tages entnommen ist. Die Hel=

---

fleißiges und zweckmäßiges Corresponbiren mit den geeigneten Per=
sonen betrieben hätte, so wäre sie, neben Ersparung der Kosten und
besserem Erfolge, namentlich auch heimlicher geblieben. Breu=
ning's Relation S. 69.

*) Selbst Sattler, der doch die Acten vor sich hatte, bringt in
der schon mehrfach angeführten Stelle (V, 185) die Hosenbandge=
sandtschaft und die Tuchagentschaft einigermaßen durcheinander.
Wenn übrigens an der Aussage Stammler's, er sei ersehen, der
Königin ein Kleinod im Werthe von vierhundert Pfund zu über=
reichen, etwas Wahres ist, so war er wirklich nicht blos Tuch=, son=
dern nebenbei auch gelegentlicher Hosenbandagent. Es findet sich
wohl noch eine Gelegenheit, auf diese Aussage zurückzukommen.

**) Vgl. des Verfassers Einleitung und Anmerkungen zu seiner
. Ueberstetzung der Merry Wives of Windsor, Leipzig, Brockhaus.

binnen selbst, ohne darum gerade Porträts sein zu müssen, sind aus dem Leben gegriffen; das würde selbst der trockene Verfasser der Badenfahrt bezeugen, der uns mit seiner in wenigen Strichen gegebenen Zeichnung der englischen Weiber sofort auf den Boden dieses Stücks versetzt. In noch näherem Sinne wirklich sind Fallstaff und Genossen, durch wiederholte Theateraufführungen eingebürgerte Lieblingsfiguren des Publicums, die sich nachgerade zu stehenden Charaktermasken eigneten, bei welchen Niemand fragt, wie sie auf einmal in andere Verhältnisse gekommen. Völlig historisch ist Robert Shallow, Esq., aus dessen silbernen Wappenhechten Sir Thomas Lucy heraussieht, als ob er mit Vor- und Zunamen genannt wäre. Ein närrischer ausländischer Doctor hat sogar einmal in Windsor selbst gelebt; um die komische Wirkung zu erhöhen, legte der Dichter dieser Figur den Namen eines weltberühmten englischen Arztes und königlichen Leibarztes bei, des Doctor Cajus, der vor nicht allzu langer Zeit gestorben war. Vetter Slender endlich, der wälsche Pfarrer und der Wirth zum Hosenbande gleichen jenen alten Conterfei's, welche der Beschauer auf den ersten Blick für wohlgetroffen erklärt, als ob er die Originale selbst gekannt hätte. Dabei erhält Slender wenigstens als Wappenherold und Titelausrufer Shallow's einen gewissen Antheil an dessen historischer Wirklichkeit.

Man kann also in dem Stücke drei Gruppen von Figuren unterscheiden: eine rein typische, eine theatergeschichtliche und eine persönlich wirkliche, von welchen die letzten

---

Jener Commentar und die gegenwärtige Abhandlung ergänzen einander gegenseitig in Betreff dieser Komödie.

beiden selbstverständlich zugleich wieder mit der ersten das Typische gemein haben. Aus der dritten Gruppe ist Sir Thomas Lucy, eine gefährliche Dignität der Umgegend von Stratford, sehr glücklich in die zweite und mit ihr zusammen nach Windsor eingeschmuggelt, auf einen Boden, wo diesem Feinde offener mitgespielt werden konnte, als es bereits in einem früheren Stücke geschehen war. Da jedoch auch Windsor selbst als Ort der Handlung in die Wirklichkeit des Tages hereinragt und gewiß nicht ohne Grund gewählt ist, sei es mit Rücksicht auf die Königin, sei es, weil diese Stadt, wie alte Schwankbücher anzudeuten scheinen, eine der lustigeren des lustigen Altengland war; so darf man mit Recht erwarten, das Local durch gebürende Wahrzeichen repräsentirt zu sehen. Herne's Eiche genügt hiefür noch lange nicht: es bedarf einer lebendigeren Ausstattung, und so bleibt nur zu errathen, daß einige der gesundesten Figuren lebende Windsorer Originale oder doch nicht weit davon her sind. Der französische Doctor, wenn auch vielleicht einer ferneren Vergangenheit angehörig, ist bereits in dieser Eigenschaft bezeugt; es liegt daher sehr nahe, seinen beiden nächsten Mitbürgern und Geistesverwandten, Pfarrer und Wirth, den gleichen Anspruch einzuräumen.

Wenden wir uns zu dem Letzteren. Mine Host of the Garter ruht nun jedenfalls mit seiner Existenz auf festem Grunde, und zwar läßt sich dies ästhetisch beweisen. Er hat in jenem Duellhandel, der sich auf dem Gipfel komischer Charakteristik bewegt, den Doctor und den Pfarrer zum Besten gehabt, wofür ihm die beiden wiedervereinigten Gegner Rache schworen. Sehen wir nun, wie diese vollzogen wird. Die poetische Gerechtigkeit der Komödie for-

bert, daß die Vergeltung wirklich eintrete, und die Oeko=
nomie des Stücks verspricht, daß die beiden Verschwornen
sie, mit so viel oder so wenig Witz als ihnen zu Gebote
steht, selbstthätig üben.   Statt dessen kommt ihnen der Zu=
fall ganz von außen her zu Hülfe und spielt dem Wirthe
einen Streich, worüber sie ihn nur noch zu verhöhnen
brauchen.

Die Episode ist diese. Zugleich mit Fallstaff und Com=
pagnie, dem Principalschelm und seinen dienstbaren Mit=
schelmen, liegt eine ähnliche Sippschaft, die hinter der Scene
bleibt, im Gasthaus zum Hosenbande. Es ist ein Deut=
scher, der zwei nicht näher bezeichnete Gentlemen im Ge=
folge hat. Die für den Text maßgebende Folio spricht ab=
wechselnd von „ihm" und von „ihnen". Wir nehmen da=
her den Text so weit wörtlich. „Herr," sagt Bardolph,
den der Wirth zum Kellner angenommen, „der Deutsche
verlangt drei von Euren Pferden; der Herzog will morgen
zu Hof aufwarten und sie wollen ihm entgegen reiten".
„Was sollte das für ein Herzog sein, der so heimlich
kommt?" versetzt der Wirth. „Ich höre nichts von ihm
bei Hofe. Laß mich mit den Herren reden. Sprechen sie
englisch?" „Ja, Herr", antwortet Bardolph, „ich will ihn
herrufen."   „Meine Pferde können sie haben," bemerkt der
Wirth, „aber ich will ihnen die Rechnung dafür machen.
Ich will sie schröpfen. Sie haben mein Haus eine Woche
lang in Beschlag gehabt, ich habe meine andern Gäste ab=
weisen müssen, dafür sollen sie mir blechen, ich will sie
schröpfen."

So wird denn, trotz des Zweifels, den der Wirth in
den angeblich erwarteten Herzog setzt, das Gesuch mit hal=
bem Vertrauen bewilligt, nämlich Bardolph soll hinter einem

der Fremden aufſitzen und mitreiten. Ein paar Scenen darauf aber kommt dieſer mit Zetermordio zurück. „Wo ſind meine Pferde?" ruft ihm der Wirth entgegen. „Auf und davon mit den Spitzbuben!" berichtet Bardolph. „Kaum war ich über Eton hinaus, ſo warfen ſie mich hinten ab in eine Kothlache, gaben die Sporen, und fort, wie drei deutſche Teufel, drei Doctor Fauſtuſſe". „Sie ſind nur ihrem Herzog entgegengeritten, Schurke", tröſtet ſich der Wirth. „Sag' nicht, ſie ſeien durchgegangen. Deutſche ſind ehrliche Leute." Nun kommen Pfarrer und Doctor nach einander herbeigeſtürzt. „Mein Wirth", ſagt der Er=ſtere, „habt Acht auf Eure Einkehr. Da ſind, wie ich höre, drei deutſche Spitzbuben" — wörtlich „Vetter Deutſche", auch, wenn man will, „leibliche Vettern", oder vielmehr Vettern und Deutſche und Spitzbuben alles mit einander, urſprünglich aber, wie die Quarto verräth, „Vetter Gar=mombel" *) — „die alle Wirthe zu Reading, Maidenhead und Colebrook gepreßt haben, um Pferde und um Geld." „Mein Wirth", ſagt der Doctor, „ich weiß nicht, aber da geht die Rede, Ihr machet große Präparation für einen Herzog aus Deutſchland. Auf mein Wort, es iſt nichts mit dieſem Herzog, der Hof weiß von keinem, der da kom=men ſoll."

Damit laſſen ſie ihn heulend und ſchreiend ſtehen, und die Epiſode iſt zu Ende.

Der Eindruck, welchen dieſes dem Wirthe rein außer=

---

*) Die Quarto, welche die Reden in umgekehrter Folge gibt, läßt zuerſt den Doctor ſagen, ein deutſcher Herzog ſei an den Hof gekommen und habe alle Wirthe in Brentfort und Reading gepreßt, dann ſpricht der Pfarrer von »three sorts of cosen Garmombles«, die in Maidenhead und Reading das Gleiche gethan haben ſollen.

halb der Handlung zustoßende Mißgeschick auf den Leser von heute hervorbringt, ist äußerst schwach. Die Episode würde auch keinen Witz, ja keinen Sinn haben, wenn man ihr nicht ansähe, daß sie dem Zuschauer von damals etwas Anderes war, daß sie für ihn ihre Erklärung in sich selbst trug und eine komische Wirkung auf ihn hatte, die von außen kommen mußte. Es wird daher auf den ersten Blick einleuchten, daß hier keine Fiction des Dichters vorliegt, sondern eine Anspielung auf eine wirkliche Begebenheit. Diese Begebenheit aber mußte, wenn sie der Dichter sich selbst zu Danke und mit Aussicht auf Erfolg an die Stelle dramatischer Fortentwicklung zu setzen wagen konnte, eine erkleckliche komische Kraft besitzen und zugleich sehr bekannt sein. Nun hat die Prellerei, die hier in einiger Entfernung an uns vorübergeführt wird, für sich selbst sehr wenig komischen Gehalt und so viel wie gar keinen Anspruch auf Verbreitung, zumal in einer Zeit, wo Prellereien alltäglich waren. Sie kann also diese Eigenschaften nur durch die dabei betheiligten Persönlichkeiten erlangt haben, entweder durch beide zusammen, die prellende und die geprellte, oder durch die letztere allein, jedenfalls aber vorherrschend durch diese: denn in einer auf der Bühne des Lebens spielenden Tragikomödie, deren Wirkung sich nur in der nebenmenschlichen Theilnahme des Zwerchfells entladet, ist meist nicht der handelnde, sondern der leidende Theil Protagonist.

Dies der ästhetische Beweis für das Dasein des Wirths zum Hosenbande als historische Person. Daß er aber nicht bloß im Allgemeinen als solche, sondern daß er, wie er leibt und lebt, als Portraitfigur — potenzirt vom Dichter, ver steht sich — gezeichnet ist, das kann jetzt vollends keinem Zweifel mehr unterliegen.

Die ephesischen Redensarten, welche dieser Wirth im Munde führt, lassen sogleich errathen, daß er sein Latein vom Umgang mit den Schauspielern hat. Wenn diese außerhalb Londons an das königliche Hoflager befohlen wurden, um eine Vorstellung zu geben, so waren sie auf ein Wirthshaus im Orte angewiesen, wo es, den jeweiligen Persönlichkeiten gemäß, bunte Auftritte abgesetzt haben mag. Gab es nun unter jenen Wirthen solch einen allbekannten, großmäuligen, tollen Erzspaßvogel, der alle Welt foppte, dem natürlich auch die Schauspieler einen und den andern nichtsnutzigen Streich einzutränken hatten, und war gerade einem Solchen in all seiner übermüthigen Unfehlbarkeit die Eule aufgesessen, daß er sich von einem Fremden, von einem Ausländer prellen ließ, so lag in der nackten Thatsache für sich allein schon ein ausgezeichneter Spaß, der, wenn er auch nur stofflich auf die Bretter gebracht wurde, des Erfolges sicher sein konnte. In derartigen Fällen leistet die Wirklichkeit mehr als alle Erfindung, und das Publicum greift mit seinem schallenden Gelächter unmittelbar in die komische Handlung ein.

Nur unter dieser Voraussetzung erklärt es sich, wie Shakspeare einen für den ersten Blick so unorganischen Brocken in das Stück einschieben mochte, das just durch ein solches Einschiebsel an Tages- und Localfärbung gewann. Bedenken wir nun noch im Zusammenhange mit all dem, daß von den als Einwohner Windsor's aufgeführten Personen gerade der Gastwirth eine der charakteristisch markirtesten ist, so markirt, daß schon vor seinem Auftreten die andern sich auf ihn als Schiedsrichter berufen, so werden wir für

die Vermuthung, daß diese Figur vorzugsweise ein loca=
les Original, ein Ortswahrzeichen vorstellen soll, wenigstens
einen hohen Grad von Wahrscheinlichkeit beanspruchen
dürfen.*)

Mag nun übrigens die Vermuthung zutreffen oder mag
der Wirth von einem der andern königlichen Hoflager nach
Windsor verpflanzt sein, mag auch der sonstige Inhalt der
Episode Zweifel einflößen, ob er buchstäblich wahr sei oder
auf einem aus Haß gegen die „damned foreigners" über=
treibenden Gerüchte beruhe, historisch ist die Episode, und
der Gastwirth ist es ebenfalls. Daß aber auch dem Deut=
schen die gleiche Eigenschaft zukommt, das ließe sich zunächst
abermals ästhetisch demonstriren. Wie hätte der Dichter
Beziehungen, die im Stücke selbst nirgends eine Heimat
finden, die vorgebliche Ankunft eines deutschen Herzogs und
das Gebaren seines Pseudogesandten, so unvermittelt mit
ein paar abgebrochenen Worten hereinschleudern können,
wenn nicht auch sie Bestandtheile einer Tagesbegebenheit
gewesen wären, deren blitzschnell vorübergehende Berührung
Jedermann verstand? Doch es gibt ja noch einen stricteren
Beweis, den wir schon früher angedeutet haben und nun=
mehr als Schlußstein in die bisherige Beweisführung ein=
fügen.

Sollte nämlich noch gezweifelt werden können, nach

---

*) In Dingen dieser Art scheint Shakspeare nicht blöde gewesen
zu sein. So hat er zweien seiner ergötzlichsten komischen Figuren
die Namen von Stratforder Mitbürgern gegeben. In dem Ver=
zeichniß der „Recusanten", die 1592 von einer aus Sir Thomas
Lucy und einigen anderen Edelleuten zusammengesetzten königlichen
Commission zur Untersuchung gezogen wurden, finden sich ein Wil=
liam Fluellen und ein George Barbolph aufgeführt.

welcher Seite hin das deutsche Personal der Episode zu
beziehen sei, so bietet die Quartausgabe von 1602 jenen
entscheidenden Namen, der jeden Zweifel löst. Diese Aus=
gabe ist ein Nach=, oder, richtiger gesagt, Vordruck, der=
gleichen meist auf Grund stenographisch gefertigter Theater=
nachschriften räuberisch und fahrlässig veranstaltet wurden*).
Die Raubausgabe der Lustigen Weiber, eine der lieber=
lichsten ihrer Art (obgleich ein Exemplar derselben vor ein
paar Jahren mit 330 Guineen bezahlt worden ist), hat fast
keinen Werth für die Textkritik und liefert eben darum auch
wenig Stoff für die Discussion, die über das Verhältniß
dieser Quartdrucke zu der Folioausgabe von 1623 geführt
wird; und doch bestätigt sie das Sprichwort, daß nichts
so schlecht sei, das nicht ein brauchbares Körnchen ent=
hielte. Ein solches nämlich ist der schon erwähnte Ausdruck,
den die Quarto an der Stelle des späteren „Vetter Deut=
sche" hat. Dieser Name Garmombel nun erklärt sich ohne
Wörterbuch und Grammatik aus sich selbst: es ist der Un=
name, den die Mömpelgarter Reisenden von 1592 zurück=
gelassen haben**). Er klingt volksthümlich in des Worts

---

*) Plays have a fate — — —.
   This — — — — —
   Did throng the seats, the boxes and the stage,
   So much, that some by Stenography drew
   The plot, put it in print, scarce one word true,
   And in that lameness it hath limp'd so long.
   The Author now, to vindicate that wrong,
   Hath took the pains upright upon its feet
   To teach it walk: so please you, sit and see't.
                         Th. Heywood,
         A Prologue to the play of Queen Elizabeth.
**) Außer der Anspielung auf Mömpelgart scheint der Name

verwegenster Bedeutung, d. h. er schmeckt nach der Gasse, auf der sich die schon sattsam bekannten „Gabenknechte" umhertrieben, und es mag sich vielleicht fragen, ob er der Handschrift des Dichters oder dem Munde des Schauspielers angehört, dem der Raubstenograph nachschrieb; jedenfalls aber bezeichnet er deutlich die Zielscheibe, auf die es abgesehen war.

Der Titel Vetter dagegen dürfte wohl aus höheren Regionen stammen. Elisabeth pflegte einen regierenden Herzog von Wirtenberg „Consanguineus" zu nennen*), und auch den Grafen Friedrich redet sie „mon cousin" an**); aber das Vetterrecht, das dieser am englischen Hofe geltend machen wollte, ging eben nach ihrer Ansicht über die berechtigten Ansprüche des Grafen und des Herzogs weit hinaus. Die Bemerkungen, die ohne Zweifel bei Hofe über einen so begehrlichen Vetter fielen, wurden bei ihrer Ausbreitung im Volke vergröbert, wobei es schwer sein wird zu unterscheiden, was heftiger kochte, das englische Nationalgefühl über die kleinmächtliche Ordenswerbung, oder das englische Schutzzollprincip über die mömpelgartische Freihandelstheorie. This England never did nor never shall etc.! Es bedurfte nur noch des Falles, der aus den Lustigen Weibern verlautet, dann erwuchs jene Vetterschaft zu einem Herenkessel, in welchen nach bekannter Weise der ganze deutsche

---

noch ein besonderes Wortspiel zu enthalten. Er klingt an garboil an, worin die Bezeichnung von etwas Turbulentem liegen würde. Als nahe liegende Nebenform bietet sich dann noch Gartermomble dar, wobei verschiedene Bedeutungen von mumble mit hereinklingen mögen.

*) Sattler V, Beilage 7.
**) Rye p. LXII.

Name eingerührt wurde und aus welchem das bittere Sprüch=
lein „Deutsche sind ehrliche Leute!" von dem unübersetzlichen
Wortspiel cousin und oozen begleitet emporstieg. Trösten
wir uns mit der Jungfrau von Orleans, an welcher sich
der englische Nationalgeist noch viel trauriger versündigt hat.

So tritt denn in unsere mömpelgartisch=wirtenbergischen
Denkwürdigkeiten gerade da, wo Breuning und nach ihm
Sattler verstummen, Shakspeare als Geschichtsquelle ein.
Denn an welchem der sogenannten Mömpelgarter die Wind=
sorer Episode hängen bleibt, das ist keine Frage. Es gibt
ja nur Einen, der in Betracht kommen kann, nur Einen,
der, während die Andern in sichere Stellungen zurückkehrten,
die seinige verloren hat.

Wir sehen ihn nun auf der letzten und verhängnißvoll=
sten Stufe des Pferdemarktes angelangt, in deren Hinter=
grunde der Galgen lauert. Er ist aber nicht mehr allein:
es sind ihrer drei, und unsere unsterbliche Quelle thut uns
den Gefallen, hervorzuheben, daß die Herren englisch können.
Das ist in der That auffallend. Wir haben gesehen, auf
welchem Fuße unsere Landsleute mit dieser Sprache stan=
den: die Geschultesten unter ihnen sind an den bloßen Na=
men schon erstickt; wie mögen sie sich vollends zum Sprach=
körper selbst verhalten haben? In London war dieser
Mangel kein großes Hinderniß. Wir ersehen aus unsern
Reiseberichten, daß Deutsche in allen Lebensstellungen dort
angesiedelt waren; also gab es gewiß auch außerhalb des
Stahlhofs deutsche Kellner; deutsche Dolmetscher und Frem=
denführer waren, wie bekannt, jedenfalls zu haben; in höhe=
ren Kreisen brachte man sich französisch fort. Auf dem Lande
aber fehlte es an jeder solchen Vermittlung, und daß nun

gar ein Stammler seine Geschäfte in der Landessprache betrieben haben sollte, wäre viel zu viel verlangt.

Unser Held muß also zwei englisch redenden, oder, be-
stimmter ausgedrückt, zwei englischen Gaunern in die
Hände gefallen sein, deren es damals eine solche Unzahl
gab, daß deutsche Zunftgenossen neben ihnen gar nicht Raum
gefunden hätten, und die ihn in Gestalt dienstbarer Geister
beherrschten, indem sie als Gesandtschaftsdolmetscher seine
immer noch sehr verwerthbaren Qualitäten zu gemeinsamem
Vortheil — falls sie nämlich ehrliche Spitzbuben waren —
ausbeuteten. Stammler besaß, wie wir uns erinnern, Abschriften seiner Creditive, womit er sich bei Nichtdiplomaten
zur Noth einiges Ansehen geben konnte. Er besaß vielleicht
noch einen wirksameren Talisman. Esser hatte ihm persönlich ein Vertrauen bewiesen, das dem eigentlichen Gesandten sehr unangenehm gewesen war. Nun erfahren wir
von diesem unter Anderem, daß man bei Hofe gegen
Fremde, in deren Heimberichten man zu glänzen wünschte,
mit Geleitschreiben, die ihnen die königlichen Schlösser und
deren Sehenswürdigkeiten eröffneten, sich freigebig, ja gewissermaßen zudringlich erwies. *)

Irgend ein derartiges Document mag es gewesen sein,
das man dem gefallenen Agenten bei veränderter Constellation abzunehmen vergessen hatte, und das jetzt seinen beiden Begleitern dazu diente, ihn zu einer möglichst wichtigen
Person emporzuschrauben. Oder es waren vielleicht Augen-
zeugen vorhanden, die ihn beim Großstallmeister und beim

---

*) Breuning S. 46 f., wie auch S. 75 f. in der Rechnung,
wonach er einem Secretär des Grafen Esser für einen „Einlaßbrief
in J. Majestät Häuser" eine Krone verehrt hat.

Großschatzmeister als Beglaubigten, und zwar mehr als ein=
mal während eines Jahres, hatten aus= und eingehen sehen.
Wenn auch nur der vierte Theil der Wirthe von Reading
bis Colebrook in die Falle gehen sollte, so muß ein Köder
dieses Schlages im Spiel gewesen sein; denn mit bloßem
Vorgeben ohne eine Art urkundlichen Ausweises war solchen
allezeit gewitzigten Leuten nicht beizukommen.

Jetzt erst sehen wir den Schwindler in Wirklichkeit die
ihm von Anfang an mit Unrecht in die Schuhe geschobene
Rolle spielen. Er gibt sich für den Gesandten und Vor=
läufer des bekannten Herzogs aus, den er bei dessen An=
kunft empfangen und nach Hof begleiten müsse. Diese Rolle
war in Wirklichkeit natürlich nicht mehr an dem unmittelbaren
Sitze des königlichen Hoflagers selbst durchzuführen, wohl
aber in einiger Entfernung davon, wo man sagen konnte,
man stehe zum Hofe in Beziehung, habe jedoch keinen
Platz dort gefunden. Wir wissen ja aus der Babenfahrt,
daß derselbe einem Kriegsheere glich und daß ein Theil des
Hofhalts aus Mangel an „Losamentern" in Zelten wohnen
mußte. Lag nun das Kleeblatt wirklich in Windsor, so
wird sich der Hof etwa zu Reading aufgehalten haben, da
sie über die Brücke nach Eton dem Herzog, der also an=
geblich wohl von London kam, entgegen zu reiten Miene
machten. Die Quarto läßt die Spitzbubencavalcade nach
der entgegengesetzten Seite, nach Maidenhead, ergehen, in
welchem Falle sie den Herzog von Reading her, woher er
vor drei Jahren wirklich gekommen war, zu erwarten vor=
gegeben hätten.

Der erlauchte Reisende war damals zu Windsor wahr=
scheinlich in einem Gasthause über Nacht gewesen, dessen

Schild jedoch die Babenfahrt verschweigt.*) Breuning
kam bei seinem Besuche der königlichen Häuser ebenfalls
nach Windsor und verzehrte daselbst über Mittag fünfzehn
Schilling, „thut vier Gulden", aber auch er sagt nicht, wo.
Nun gibt es im heutigen England bekanntlich Garter inn's
genug; ob sie aber älteren Ursprungs oder erst auf Shakspeare's Komödie getauft sind, ist noch nicht ermittelt. Wahrscheinlicher ist das erstere: denn der Schild der berühmten
Pilgerherberge in Southwark, „Gasthaus zum Wappenrock",
von Chaucer verherrlicht, reicht nahe an das Hosenband.

In der Kaaba des Ordens selbst zumal, in Windsor,
war ein Wirthshaus dieses Namens mehr als irgendwo am
Platze**).

---

*) Daß er im Gasthaus wohnte, ist zwar nicht gesagt, erhellt
aber aus dem Zusammenhange. Der Kammersecretarius unterläßt
es nämlich nicht zu berichten, wenn seinem Herrn eine Gastfreund-
schaft oder sonstige Ehre erwiesen worden ist. Von London, wo er
im Gasthaus wohnte, wurde Graf Friedrich in einer königlichen
„Gutschen" nach Reading abgeholt und „in beß Meyers daselbsten
Behausung einlosirt", d. h. in des Mayors. Wenn in Windsor
etwas Aehnliches geschehen wäre, so stünde es sicher in der Babenfahrt.

**) The R. Windsor Guide von 1834 führt einen Gasthof
»Star and Garter« auf, dessen Name aber nicht in jene Zeit zu-
rückreichen kann, da der Stern damals noch nicht zu den Ordensinsignien gehörte. — Uffenbach, der Windsor im Jahr 1710 besuchte, stieg daselbst in der „Sirene" ab. (Z. C. v. Uffenbach
Merkwürdige Reisen ꝛc. III, 185.) — Ein Zeitgenosse Herzog Friedrich's, Fürst Ludwig von Anhalt, war 1596 in Windsor, sagt aber
treuloser Weise nur:

„Wir sein zu Windesor ins Wirtshaus eingezogen,

Es ward dar unsrer pferd' im Stalle wol gepflogen" ꝛc.
(Beckmann Accessiones historiae Anhaltinae, S. 174.)

Nur ist, wenn auch ein solches dort bestand, nicht wohl zu glauben, daß unsere Reisenden mit demselben in Berührung kamen, denn das müßte diesen Ordensjägern ein so denkwürdiges Omen gewesen sein, daß sie das Haus unmöglich in ihren Berichten mit Stillschweigen hätten übergehen können. Stammler hinwiederum, wenn er sein Nest buchstäblich in Windsor aufschlug, konnte nirgends leichter Credit zu finden hoffen, als in dem Gasthause, wo sein jetzt angeblicher Herr von 1592 her gewiß unvergessen war, in einem Hause also, das allem Dafürhalten nach n i c h t den Schild des Hosenbandes trug. An i h m jedoch in seiner jetzigen Figur haftete das Hosenband wie ein weit nachziehender Kometenschweif, und wäre er selbst auch etwa hiegegen blind gewesen, so würde sein Gefolge, zwei praktische Engländer, schon dafür gesorgt haben, ihm den Staar zu stechen. D e n Herzog, den er vertrat, konnte ja wohl nichts anderes wieder nach England führen, als die Empfangnahme der Ordensinsignien.

Mag er nun aber denjenigen seiner Streiche, der in den Lustigen Weibern aufgegriffen ist, zu Windsor selbst oder anderswo begangen haben, mögen im damaligen England Garter inn's gewesen sein oder nicht, so ist es doch kaum wahrscheinlich, daß der Zufall dem mit dem Nimbus der Hosenbandwerbung umgebenen irrenden Ritter auch noch ein Gasthaus des Namens zum Schauplatz seiner Thaten angewiesen haben sollte. Eine komische Leistung wie diese geht doch nahezu ü b e r die Kräfte des Zufalls, und es scheint daher wahrscheinlicher, daß die Kunst nachgeholfen hat. Wenn ein heutiger Löwen= oder Adlerwirth, der für die ihm vorgespiegelte Durchreise eines gekrönten Hauptes vergebliche Vorbereitungen gemacht hätte, von der Volkslaune fortan

Kronenwirth benamſet würde, ſo wäre der Witz durch den
Umſtand, daß daneben Gaſthöfe zur Krone in Menge exi=
ſtiren, gar nicht abgeſchwächt, er würde vielmehr in dem
aufgedrungenen fremden Schilde faſt noch luſtiger ſchillern.

Man wird alſo ſchwerlich fehlgehen, wenn man annimmt,
daß jener ſo allmächtig ſpaßhafte Wirth erſt zufolge ſeines
Abenteuers mit einem ſpitzbübiſchen Hoſenbandgeſandten von
Fama's Gnaden zum Hoſenbandwirth von Humors we=
gen erhoben worden iſt. Trifft dieſe Annahme zu, dann
iſt unſer Wirth „nicht bloß ſelbſt witzig, ſondern auch Ur=
ſache, daß andere Leute witzig ſind“; und zwar tritt dieſe
Verdoppelung ſeines komiſchen Werthes nicht erſt mit der
Scene ein, wo Bardolph die Pferde für den Deutſchen ver=
langt, ſondern ſie iſt von vornherein gegeben, ſo daß die
ausgeſuchteſten Späße, die er macht, zwar dankbar in Em=
pfang genommen, aber immer wieder vom Gelächter über
ſeine Schilderhöhung zugedeckt werden. Dieſes Gelächter
erhält ſodann eine wohlangelegte Steigerung: es wird in
der erſten Scene durch Nennung ſeines Namens wachge=
rufen, während er ſelbſt noch abweſend iſt; dann tritt er
auf, von Falſtaff mit der feierlichen Anrede: „Mein Wirth
zum Hoſenbande!“ begrüßt; und zuletzt verdient er ſich den
Titel in aller Form Rechtens, führt ihn aber jetzt ohne
Eiſenfreſſerei, „in Perplerität und zweifelvollem Dilemma“.

Die hier aufgeworfene Frage iſt nicht ſo müßig, wie
ſie ſcheint. Eine gerechte Sharkſpearekritik, die dem großen
Dichter weder eine Elle zuſetzen noch einen Zoll abbrechen
will, muß die in Rede ſtehende Epiſode nicht bloß auf den
erſten Blick ſchwach finden, ſondern auch dann noch, wenn
ſie in derſelben ein dem Spotte preisgegebenes Stück Wirk=
lichkeit erkennt, und ſie hat daher die Pflicht, ſich genau zu

fragen, ob sie nichts, was für den Dichter spräche, übersehen habe. Einen Wirth zum Hosenbande nun, der von
seinen Gästen geprellt wurde, mit Haut und Haar als solchen auf dem Theater herumzuziehen, das wäre wohl gut
genug für die Industrie eines mittelmäßigen Poeten, dem
das wiehernde Gelächter des großen Haufens genügte:
für Shakspeare's Künstlerschaffen ist es viel zu plump.
Ganz anders, wenn das Hosenband des Wirthes kein na-
türliches Allod ist, sondern ein künstlerisches Lehen. Dann
sehen wir die dem Tagesleben entnommene Figur schon durch
die bloße Namengebung mit einem kleinen Staatsstreich des
Humors, der in dichterischem Bewußtsein that, was der
Volkswitz instinctmäßig zu thun pflegt, aus der gemeinen
Wirklichkeit in das Reich der Kunst entrückt. Sie ist es
freilich noch weit mehr durch die Charakteristik selbst, der
man neben der Portraitähnlichkeit die künstlerische Steigerung
des Wirklichen ansieht; aber die Kunst, unter deren Adep-
ten wir Shakspeare als einen der mächtigsten verehren, weiß
nicht nur im mehr oder minder Großen, sondern auch im
Kleinen und Kleinsten sich selbst getreu zu sein.

Und nun merke man einmal, wie betont der Titel „Wirth
zum Hosenbande" nicht bloß in Abwesenheit des Wirthes,
nicht bloß in seinem eigenen großsprecherischen Munde, sondern besonders auch in der Anrede an ihn, als ob er von
Zeit zu Zeit an seinen Schild erinnert werden müßte, das
Stück hindurch wiederkehrt. Wie unbegreiflich überflüssig
wären gerade diese letzteren Wiederholungen, wenn der
Wirth den Namen, der noch dazu schleppender klingt als
ein deutscher Wirthstitel, nur eben so wie jeder andere
den seinen führte, und wie verwandeln sie sich umgekehrten
Falles in das Gegentheil!

Ist aber, wie jetzt doch wohl nicht mehr zu zweifeln,
der Name des Wirthes selbst schon ein Bestandtheil der
Komödie, so sprüht dieses Geschoß sein Witzfeuer auch noch
nach einer andern Seite hin. Der Name enthält ja zugleich,
nicht minder deutlich, eine Anspielung auf das Ordensge=
such des Herzogs, dem der Wirth seine Pferde entgegen
zu senden glaubte. Harmlos ist diese Anspielung nicht, aber
das Salz wird ihr Niemand absprechen, der sich auf den
Boden der thatsächlich gegebenen und den Hörern der Ko=
mödie bekannten Verhältnisse stellt.

So hat sich denn die scheinbare Leere der Episode all=
mählich ausgefüllt, und man sieht jetzt einen Humor in ihr
walten, der zwei Zielscheiben mit Einem Schusse trifft. Der
eine bloße Name, der diesen Doppelwitz entladet, reicht jetzt
völlig hin, die ganze Episode zu tragen. Sie ist auch kein
so fremder Körper mehr im Stücke, wie sie ursprünglich
schien, denn sie steht jetzt in lebendigem Zusammenhange mit
dem Namen, der einer der handelnden Personen angehört.
Man weiß zwar — auf dem so eben bezeichneten Boden
— von Anfang an recht gut, was dieser Name besagen soll,
aber die komische Muse ist eben darum, „weil und obgleich",
die Erklärung des Namens drastisch nachzutragen schuldig,
die jedoch mit ihrem voraus bekannten Inhalt nur leicht
und rasch wie ein Schattenspiel vorüberhuschen darf. Auf
diese Weise war Beides erreicht, sowohl der Beifall der
Menge, als der Dank der Wenigen, welche die Kunst durch
das Herausfinden ihrer Feinheiten belohnen. Verständlich
aber war die Anspielung für beide Theile ohne Unterschied.

Hienach glauben wir den Dichter gegen jeden Vorwurf,
dem die besprochene Episode von ästhetischer Seite her be=
gegnen könnte, gerechtfertigt zu haben. Dafür trifft ihn

freilich ein Vorwurf anderer Art, den wir ihm nicht er-
sparen konnten, der Vorwurf, daß er über seiner englischen
Nationalität keineswegs immer so fessellos erhaben schwebte,
wie unsere deutsche Shakspearedogmatik in ihren Predigten
und Kinderlehren träumt.

Indem wir aber hier von der Episode und ihrem deutschen Delinquenten weiter gehen wollen, drängt sich unver-
sehens noch eine neue und dazu etwas kitzliche Frage auf.
Wie kommt es denn, daß das so hängelustige Altengland
den Pferdedieb, einen Ausländer, einen Deutschen, mit dem
Strick verschonte? Denn nach Sattler's Angabe, die doch
aus England stammen muß, kann nicht bezweifelt werden,
daß man ihn großmüthig laufen ließ. Sollte er gar auch
diesmal wieder nicht so ganz schuldig sein, wie die Anklage
behauptet? Leicht möglich; nur wäre dann erst noch zu
beweisen, daß die Unschuld, und zumal die fremde, in England jederzeit ohne Ausnahme eine Lebensversicherung in
sich trug.

Eher läßt sich wohl vermuthen, daß die englische Regierung Anstand nahm, einen Abgefertigten eines der protestantischen Fürsten Deutschlands, mit welchen sie stets auf
gutem Fuß zu stehen suchte, an den Galgen zu bringen.
Stammler war zwar jetzt nicht mehr in Wirklichkeit Agent,
aber den Charakter eines solchen hatte er doch nicht völlig
verloren, da ihn ja sein Herr nur einer Ueberschreitung und
nicht einer eigentlichen Fälschung seiner Vollmacht anschul-
digte. Doch wird die Schonung, wie sich unschwer errathen
läßt, noch einen näheren und stärkeren Grund gehabt haben.
Wir müssen uns erinnern, daß die Gastrolle, die wir den
weiland Tuchgeschäftsträger in den Lustigen Weibern spielen
sehen, ob nun buchstäblich wahr oder gerüchtmäßig über-

trieben, nicht bloß für den heimgesuchten Wirth verdrießlich, sondern auch für den Hof etwas compromittirend war.

Man hatte diesen Fremden, obwohl sie in der Haupt=sache leer ausgingen, doch allerlei Gefälligkeiten erwiesen, und zwar Gefälligkeiten, die nicht dem Staatsschatze, sondern den einzelnen Privatleuten, welche just von der Requisition be=troffen wurden, zur Last fielen. Dahin ist einmal unbe=dingt die Beschlagnahme zu rechnen, wodurch Graf Notting=ham den „Engel Gabriel" zu Gunsten Breuning's zurück=hielt: denn der Schiffspatron hat sich nachher ausdrücklich gegen diesen über den ihm durch Zehrungskosten und Ver=zug erwachsenen Schaden beschwert. Wer die Pferde und Schiffsgelegenheiten zu liefern hatte, die dem Count Mom=beliard 1592 zur Verfügung gestellt wurden („he pay nothing for the same"), das waren wohl eben auch, wie anderwärts, privilegirte Privatpersonen, die dem Staat für ihr Privilegium zu Zeiten unentgeltliche Dienste zu leisten hatten. Es ist leicht zu erachten, daß Eingriffe dieser Art in Geschäftsleben und Eigenthum, und zu Gunsten von Ausländern, bei der bürgerlichen Welt nicht eben das beste Blut gemacht haben werden*). Das Murren stieg sodann, wie wir wissen, in Folge des Gerüchts von der erbetenen Zollfreiheit für die tausend Tücher, wenn auch von einer Bewilligung nichts verlautete.

———————

*) Die englischen Commentatoren, die von Stammler nichts wußten, haben die ganze »cozenage« auf diese Eingriffe zurückge=führt, dabei aber übersehen, daß es sich von einer wirklichen Prel=lerei handelt, von einer Prellerei um Pferde und Geld. Wenn Je=mand unentgeltlich Pferde liefern muß, die er wieder zurück be=kommt, so erleidet er zwar einigen Schaden, ist aber doch nicht um Geld und Pferde geprellt.

Nun kam noch der durch die Lustigen Weiber verewigte Streich hinzu, der den Begünstigungen dieser Fremden die Krone aufsetzte, und der, wie wir zu schließen uns genö=thigt sahen, ohne einen wohlbezeugten Zusammenhang des Hauptangeschuldigten mit dem Hofe nicht möglich gewesen wäre. Schuldig oder nicht, die Regierung konnte ihm nicht an den Hals greifen, denn sie hätte seinen Galgen zum Pranger für sich selbst gemacht. Da war es nun doch wohl das Gerathenste, den lästigen Menschen in der Stille aus dem Lande zu schaffen. Ihn dem ordentlichen Richter zu entziehen, dazu gab sich eine treffliche Gelegenheit. Es hatten eben damals verschiedene Zusammenrottungen statt= gefunden*), welche die Königin bewogen, eine Verordnung zu erlassen, wodurch alle derartige rebellische Personen unter das Martialgesetz gestellt wurden. Da zu gleicher Zeit zahllose Vagabunden die Umgegend von London unsicher machten**), so benützte sie den Anlaß, das Martialgesetz auch auf diese auszudehnen und das Gesindel allzusammen dem ernannten Standrechtscommissär zu summarischem Ver= fahren zuzuweisen***). Das Datum der Verordnung, 18. Juli

---

*) Darunter eine von Londoner Lehrburschen, die ein paar wegen Unfugs ergriffene Kameraden nicht auspeitschen lassen woll= ten und den Lord Mayor ebenfalls auszupeitschen drohten. Die armen Jungen erlitten die furchtbare Strafe des Hochverraths. Lingard VIII, 7. Howell State trials 1, 1421.

**) Besonders berüchtigt war Gadshill bei Rochester, und Mr. Rye (England etc. p. 49, n. 63) findet es sehr wahrscheinlich, daß ein nächtliches Abenteuer, das unsern Reisenden von 1592 zwischen Rochester und Gravesend aufstieß, eben an jenem durch die Dich= tung so berühmt gewordenen Hügel stattgefunden habe.

***) Rymer Foedera etc. acta publica etc. XVI, 279, 280.

1595, stimmt recht bequem zu der muthmaßlichen Zeit, in welcher Stammler dem Richter und dem Dichter in die Hände fiel. Es sieht ihm ganz gleich, daß er, ungeachtet seine Stellung schon durch Breuning's Anwesenheit sehr erschüttert war, nach dessen Abreise in den Tag hinein seine Sollicitationsversuche fortsetzte, bis er durch das Schreiben des Herzogs an Burghley, das in der zweiten Hälfte des August eingetroffen sein wird, vollends auf den Sand gesetzt wurde und seines Pferdehandels ein Ende sah, das nach einigem Schrecken doch immer noch gnädig ablief*).

Neben dieser Maßregel schien es jedoch angemessen, das Murren des Mittelstandes durch eine öffentlich und zugleich mit möglichst wenigem Aufsehen gegebene Erklärung zu beschwichtigen. Zu diesem Zwecke besaß man zwar keine Regierungspresse, aber ein noch viel geeigneteres Organ. Dies war das Theater. Wenn wir denn nun die Windsorer Episode in der Gesammtbeleuchtung der bis hieher aufgedeckten Thatsachen noch einmal vorüberziehen lassen, so macht sich in ihr eine Tendenz bemerkbar, die dem ersten Anblick ganz verborgen blieb. Mit Geräusch wird der geprellte Wirth dem Gelächter preisgegeben, und leise, aber

---

*) Eine unerklärte Beziehung auf einen aus London entkommenen Deutschen findet sich in einem 1612 erschienenen Tractätchen, »The Curtaine Drawer of the World«: »Aske but this Curtain Drawer and he will tell you, that few there are, and those escape very hardly like the bird out of the snare, like the German out of Woodstreet, or those that commit murder, or like him that escapes the hangman from the tree of execution.« (Dodsley Old Plays, VI, 43.) Es ist nicht wohl anzunehmen, daß man 1612 noch an den Springinsfeld von 1595 gedacht habe, sein Entkommen müßte denn von ganz besondern Umständen begleitet gewesen sein.

heute noch hörbar, läuft die Andeutung nebenher, daß der Hof die Prellerei nicht zu verantworten habe. Der Wink, man wisse bei Hofe nichts von einem gewissen Herzog, ist mit solcher Betonung angebracht und kehrt so geflissentlich wieder, daß die Absicht in die Augen springen muß. Ja und die Verleugnung hat obendrein mit modernen officiösen Berichtigungen eine verwünschte Aehnlichkeit: man muß sie streng auf den Buchstaben ansehen, wenn sie ganz richtig sein soll. „Der Hof weiß nichts von der beabsichtigten Ankunft eines deutschen Herzogs"; das ist freilich wahr.

Somit wäre in der anfangs so unscheinbaren Episode neben den bereits enthüllten Feinheiten noch eine weitere hervorgesprungen; denn die gestellte Aufgabe ist unbestreitbar mit leichter sicherer Hand gelöst. Wohl hat es etwas Schmerzliches, von einer utilitarisch resoluten Königin, die ihre Themseschwäne jährlich rupfen ließ, auch das Gefieder des Schwans vom Avon „ad usum aulae" in Mitleidenschaft gezogen zu sehen; doch auch Alcib, sagt Schiller, „ging des Lebens schwere Bahn".

3

Der deutsche Herzogsneffe im Kaufmann von Venedig.

Stammler's Spur verschwindet hier aus der Geschichte; aber er .hat nicht umsonst gelebt, und jetzt aus der Nacht langer Vergessenheit zurückgerufen wird er wohl noch manchen bessern Mann seiner und unsrer Tage überdauern, er, dem unter den Flügeln jenes Schwans gebettet ist. Dum juga montis aper, fluvios dum piscis amabit, das will sagen, so lange mit den Windsorer Liebesabenteuern in Fluß und Wald der dicke Ritter fortleben wird, so lange wird auch sein Name genannt werden. Er ist ja nicht nur der Held der Episode, die ihm ihren Ursprung wie jetzt ihre Erklärung dankt, sondern obendrein auch ein classischer Zeuge für die Festsetzung eines Zeitpunktes, an welchem, wie sich zeigen wird, noch mancherlei andere Dinge hängen.

Indem wir jedoch von der Zeit und ihren Verhältnissen reden, müssen wir uns wohl vorsehen, daß uns nichts entgeht, was in der bestimmten Folge der Tage einen früheren Platz beanspruchen könnte, als der Abschnitt der Forschung, auf den wir hinzusteuern im Begriffe sind. Ist ja ohnehin mit dem abgehandelten Stück „Deutschland im

6*

Shakspeare" noch nicht das ganze Gebiet erschöpft: es gilt vielmehr noch ein Seitenstück dazu in Augenschein zu nehmen. Denn nicht bloß die Komödie von Windsor, auch noch ein anderes der Shakspeare'schen Dramen enthält eine Anspielung auf einen deutschen Fürsten, neben einer nur scheinbaren eine wirkliche.

Im Kaufmann von Venedig, in der zweiten Scene des ersten Acts, wo Porzia und Nerissa sich über die Freier der Ersteren unterhalten, ist unter andern von einem ungebürlich ernsthaften, immer sauersehenden Pfalzgrafen (county Palatine) die Rede, und im Verfolg der Musterung fragt Nerissa: „Wie gefällt Euch der junge Deutsche, des Herzogs von Sachsen Neffe*)?" worauf Porzia von diesem Prinzen eine noch abschreckendere Schilderung entwirft. Beide Anspielungen unterscheiden sich durch die bestimmte Signalisirung der Personen von den allgemeineren Bezeichnungen der übrigen Freier.

Dieser sächsische Herzogsneffe hat der Auslegung schon manches Kopfbrechen verursacht; und ohne den Sammlerfleiß unserer Tage, der große und kleine Urkundenschätze wie Saatkörner ausstreut, die zum Aufgehen oft nur eines günstigen Zufalls bedürfen, würde sich die Erklärung des Räthsels wohl noch nicht so bald dargeboten haben.

Der Kaufmann von Venedig ist bekanntlich vor 1596 geschrieben, weil in einem Pamphlet Nash's von diesem Jahr ein Drama genannt wird, das eine Nachahmung der schönen

---

*) Nephew bedeutet Neffe, Enkel, Abkömmling, Vetter überhaupt. Im älteren Deutsch gelten die gleichen Bedeutungen, namentlich auch die letztere. So nennt Isolde Brangänen niftel (Base). Vgl. Eb. Müller Etymologisches Wörterbuch der englischen Sprache, II, 126. Moriz Rapp Wurzelbüchlein S. 161 f.

Stelle „In such a night" enthielt. Ob aber Porzia's Freier gleich von Anfang an in derselben Reihe, wie sie vorliegt, aufgeführt waren, oder ob die Laune des Dichters später noch eine und die andere Anspielung auf hohe Gäste eingeschaltet hat, das wäre hiemit noch nicht entschieden. Nur können der Pfalzgraf und der Neffe des Herzogs von Sachsen nicht unter König Jacob in das Stück gekommen sein, obgleich oder vielmehr eben weil ein deutscher Pfalz= graf Kurfürst und ein sächsischer Prinz, dieser in gewöhn= licher, jener in engster Beziehung, zu den Besuchern seines Hofes gehörten.

Deutsche Fürsten erschienen an diesem Hofe häufiger als bei Elisabeth. Der erste derselben, wenn man ihn im stren= gen Sinn so nennen kann, war Prinz Heinrich von Nassau= Oranien, der Jacob's Krönung an der Spitze der nieder= ländischen Gesandtschaft anwohnte. In den Jahren 1608 und 1610 kam Prinz (oder nach damaliger Titulatur Her= zog) Ludwig Friedrich von Wirtenberg, zweiter Sohn des inzwischen verstorbenen Herzogs Friedrich, mit Buwinghausen als Unionsgesandter im Namen seines regierenden Bruders Johann Friedrich und der übrigen Unionsfürsten nach Eng= land, und obgleich er in der Hauptsache selbst wenig genug ausrichtete, so wurde ihm doch persönlich alle Ehre ange= than. Die bedeutendste Errungenschaft seiner beiden Reisen war, für ihn nicht, aber für uns, daß er am 30. April 1610 den Globus besuchte und daselbst Othello sah*). Er traf

---

*) »Lundi, 30., S. E. [Son Excellence] alla au Globe lieu ordinaire ou l'on joue les Commedies, y fut represente l'his= toire du More de Venise«, so heißt es in dem französisch ge= schriebenen, von Mr. Rye übersetzten Tagebuche seines Secretärs

damals am englischen Hofe mit Friedrich Ulrich von Braun-
schweig, dem Sohne des Dramatikers Herzog Heinrich Julius,
zusammen, und bei der Abreise stieß er unterwegs noch auf
zwei pommerische Prinzen, die ihre Herüberkunft aus Frankreich auf die Ermordung Heinrich's IV. hin beschleunigt
hatten.

Bei den meisten dieser Gäste witterte man Absichten auf
die Hand der schönen Prinzessin Elisabeth. Dies war auch
mit Prinz Otto von Hessen der Fall, der 1611 vom Hofe
sehr ehrenvoll empfangen wurde, ohne jedoch die Braut
heimzuführen. Glücklicher — vielleicht mit Hülfe des Tübinger Tanzmeisters, den er sich von Herzog Johann Friedrich zu diesem Behuf erbeten — war Kurfürst Friedrich
von der Pfalz, dessen Vermählung mit Elisabeth im Frühjahr 1613 vollzogen und unter ahnungslosem Jubel mit
allen erdenklichen Festlichkeiten, auch Schauspielen, worunter
sechs von Shakspeare, begangen wurde.

Im September des gleichen Jahres folgte sodann noch
Herzog Johann Ernst von Sachsen-Weimar, der unter dem
Namen eines Herrn von Hornstein reiste, jedoch ungeachtet
seines bescheidenen Auftretens bei Hofe ebenfalls eine ehren-
volle Aufnahme fand. Er wurde nachmals Mitstifter des
Palmenordens, trat in pfälzisch-böhmische Dienste und machte
die Schlacht am weißen Berge mit.

Keinen von all diesen Besuchen hätte König Jacob, der
den deutschen Fürsten mehr Rücksicht bewies als seine Vorgängerin, auf dem Theater verhöhnen lassen. Er gefiel sich
in einer strengen Theatercensur, die zunächst hauptsächlich

Hans Jacob Wurmser von Vendenheim, das im Britisch Museum
aufbewahrt wird. Rye p. 61.

gegen die Sonntagsschauspiele, gegen das Schwören in jeder
Form und gegen die Herabsetzung der schottischen Natio=
nalität gerichtet war. Zu Zeiten freilich gerieth diese Censur
etwas in Verfall. Der König wurde selbst auf die Bühne
gebracht, und die Königin Anna ging ins Theater, um ihn
auszulachen. So erzählt der französische Gesandte Beau=
mont in seinen Berichten an Heinrich IV. Die Schau=
spieler, die überhaupt gerne nach zeitgenössischen Begeben=
heiten griffen, benützten das Schicksal des Herzogs von
Biron zu einem Drama, worin der französische Hof eine
nichts weniger als schmeichelhafte Rolle spielte. Beaumont
ließ ihnen weitere Aufführungen untersagen; als aber der
Hof die Stadt verlassen hatte, wagten sie sich abermals mit
dem Stücke hervor. Beaumont führte hierüber Klage, und
drei der Schuldigen wurden festgesetzt, während der Ver=
fasser „entwischte". Der Gesandte fügt sodann in seinem
Berichte hinzu, sie haben ein paar Tage zuvor den König
selbst sammt allen seinen Günstlingen auf eine befremdende
Weise lächerlich gemacht. Diesmal wurde Jacob wüthend
und verbot mit Einem Schlag alle Schauspiele in London.
Die Schauspieler brachten jedoch „100,000 Livres" zusam=
men, an deren Erfolg Beaumont, bei des Königs ewiger
Geldbedürftigkeit und Zugänglichkeit für Geldanerbieten, nicht
zweifelte*). Die Geschichte der englischen Bühne weiß

---

*) Ueber Beaumont's Berichte s. F. v. Raumer's Briefe aus
Paris z. Erl. d. Gesch. d. 16. u. 17. Jahrh. II, 260. 276 f. —
Der Gesandte sagt übrigens nirgends, daß es die Königstruppe
(die Shakspeare'sche) gewesen sei, von welcher jene Skandale aus=
gingen, und das erwähnte Drama hat wahrscheinlich nicht ihr, son=
dern der Admiralstruppe angehört. (The diary of Philip Henslowe, p. 240. 241.) Alle Schlüsse also, die in Betreff Shakspeare's

benn auch nichts von einem derartigen absoluten Theater=
verbote.

Wenn es nun auch nach den angeführten Vorgängen
als möglich erscheint, daß das Theater hie und da gegen
Jacob's Censur sich eine Licenz erlaubte, die aber, wenn
zur Sprache gebracht, nur eine um so strengere Hand=
habung der Censur nach sich ziehen mußte, so war doch
eben darum eine fortgesetzte Wiederholung der Licenz nicht
möglich, und noch weniger eine Verbreitung derselben durch
den Druck*). Am allerwenigsten aber würde Jacob es
geduldet haben, daß man den Freiern Porzia's (die für
die unbezwingliche Königin Beß gar nichts Anstößiges haben
konnten) eine komische Beziehung auf die Freier seiner eigenen
Tochter gegeben hätte. Der Pfalzgraf also ohnehin, aber
auch der sächsische Herzogsneffe, müssen beide schon vor
seiner Regierung in dem Stück gewesen sein**). Vielleicht

---

aus jenen Vorfällen gezogen werden „wollen", wollen vielmehr nicht
gezogen sein.

*) »The Conspiracie and Tragedie of Charles Duke of
Byron«, von Chapman, dem Homerübersetzer, ist (oder sind) gleich
nach jenen Aufführungen gedruckt worden und noch vorhanden,
allein vergebens würde man darin die Stellen suchen, wegen deren
der französische Gesandte Klage erhoben hat. Uebrigens deutet Chap=
man's „Entwischen" darauf, daß die Stellen nicht von ihm, son=
dern von den Schauspielern herrührten — was indessen den Drucker
nicht abgehalten haben würde, diese pikanten Stellen aufzunehmen,
falls es zu wagen gewesen wäre.

**) Wem eine der beiden Quarto's von 1600 zur Hand ist,
der wird sich diesen Theil der Untersuchung sparen können; denn
da die betreffenden Stellen bei den neueren Herausgebern ohne Ver=
merk einer Abweichung der Folio von den Quarto's stehen, so waren

ließ man sie weg, wenn dasselbe zur Zeit der Verlobung und Hochzeit des pfälzischen Kurfürsten oder zur Zeit des sächsischen Besuches aufgeführt wurde. Jedenfalls aber waren es harmlose Stellen, die das Publicum von früher her kannte und deshalb auf nichts Neueres bezog. Darum konnten sie auch 1623 ohne Anstoß unter Jacob im Druck erscheinen, während gewisse andere Anspielungen, wie z. B. die auf den schottischen Lord, seiner Censur als Opfer fielen.

Hieburch werden wir auf eine bestimmte Zeitgrenze und eben damit auf bestimmte Erscheinungen verwiesen, die in den beiden Stellen zu erkennen sind.

Außer und vor dem Pfälzer Kurfürsten, der von der Deutung ausgeschlossen ist, findet sich nur ein einziger Palatinus, der dem Dichter vorgeschwebt haben kann. Es ist aber kein deutscher Fürst, sondern einer der polnischen Woj=woben, deren Titel damals in dieser Weise wiedergegeben wurde. Albertus Lasky, Palatinus Siradensis (so nennt ihn Dee), oder Albret Alasco, Comes Palatinus Siradensis (so heißt er bei Camden), kam 1583 nach England und wurde sowohl von der Königin und den Großen als auch in gelehrten Kreisen mit Auszeichnung empfangen. Er war, nach Camden, ein stattlicher Mann mit einem langen Bart und anmuthigen Betragens. Als Freund der ver=borgenen Wissenschaften aber, der sich vornehmlich zu den bekannten Astrologen und Alchymisten Dr. John Dee und Edward Kelly hielt, die er auch nach Polen mitnahm und später nach Prag zu Kaiser Rudolf beförderte, wird er in

---

zweifelsohne der Pfalzgraf und der sächsische Herzogsneffe unter Elisa=beth nicht bloß gespielt, sondern bereits gedruckt.

seinem öffentlichen Auftreten etwas Gravitätisches und Feier-
liches gehabt haben, was denn vollkommen zu der Beschreibung Porzia's stimmt. Eine Figur dieser Art vergißt
man in zehn Jahren nicht, und wenn er, wie Camden mel-
det, bei seiner Abfahrt eine bedeutende Schuldenmasse hinterließ, so war doppelt dafür gesorgt, sein Andenken im Volke
wach zu erhalten.

Der Pfalzgraf geht uns also nichts weiter an Für
den sächsischen Herzogsneffen aber bleiben jetzt aus den
Tagen Elisabeth's nur noch zwei deutsche Fürsten übrig,
die sich mit einander abzufinden haben: unser hoher Baden-
fahrer von 1592 und der ebenfalls schon berührte Fürst
Ludwig von Anhalt-Köthen, des Palmenordens Mitgründer
und nachmals langjähriger Vorstand, der England im Jahr
1596 bereiste. Man sollte glauben, der „Sachse" müsse
an dem Norddeutschen hängen bleiben, der ihm doch
geographisch um so viel näher steht; aber es verhält sich
umgekehrt, und die Anspielung gilt in Wahrheit keinem
Andern als dem süddeutschen Fürsten, demselben, den
auch die Episode der Lustigen Weiber streift.

Der Schlüssel des Räthsels ist dieser. Die Engländer
befanden sich dem Namen des gedachten Fürsten gegenüber
in dem gleichen Falle, wie die von Wirtenberg damals ge-
schirmte und seitdem annectirte Reichsstadt, die so oft die
Stichelrede hat hören müssen, sie könne das R nicht aus-
sprechen. Englische Staats- wie Privaturkunden jener Zeit
sind mit seltenen Ausnahmen darin einig, aus dem Herzog
von Wirtenberg einen Herzog von Wittenberg zu
machen. Wir haben schon früher, bei Gelegenheit einer
dunkeln Stunde im Leben Breuning's, uns überzeugt, daß
dieser Gesandte trotz der von dem alten „Lagerbuch" Burgh-

ley aufgezeichneten Notizen offiziell „The Duke of Wittenberges Messinger" genannt wurde. Das Concept der königlichen Antwort vom 20. September 1593 auf das her-
zogliche Schreiben vom 17. August, innen von Burghley's
Hand, ist außen überschrieben „Coppie of hir Maj. lre.
to the Duke of Witteberg"*). Als sodann mit Ablauf
des Jahrhunderts Herzog Friedrich jene Reise zum Jubi-
läum nach Rom machte, die in der protestantischen Welt
so viel Aufsehen erregte und auch den Engländern zu
rathen gab, schrieb der bekannte John Chamberlain seinem
Freunde Carlton, the Duke of Wittenberg sei nach Rom
gegangen**). Und noch im Jahr 1610 wurde sein so eben
genannter Sohn, Prinz Ludwig von Wirtenberg, der in
England unter anderm die Universität Cambridge besuchte,
daselbst als Duke of Wittenberg empfangen, ja noch viele
Jahre später nennt ihn Bischof Hacket, wo er im Leben des
Erzbischofs Williams jene akademischen Festlichkeiten schil-
dert, Duke of Wittenberg***).

Nun liegt es auf der Hand, daß Wittenberg und
Sachsen im Laufe des 16. Jahrhunderts dem reformations-
verwandten England unter allen deutschen Städten und
Ländern vorzugsweise bekannt geworden sein mußten. Besonders auch die mit der Reformation verknüpften Wechsel-
fälle des sächsischen Hauses und Landes konnten den Engländern nicht ganz fremd geblieben sein. Endlich wird selbst
der unkundigere Insulaner von den Mysterien deutscher

---

*) Rye p. LXII.
**) Camden Society. Nr. 79. Letters written by John
Chamberlain during the reign of Queen Elizabeth. Ed. by
Sarah Williams. p. 71.
***) Rye p. CXX.

Genealogie wenigstens so viel gewußt haben, um die kate=
chetische Frage: „Was thun die deutschen Fürsten insge=
mein?" mit „Sie theilen sich in viele Linien" beantworten
zu können. Daß es in Wirklichkeit einmal eine Linie
Sachsen=Wittenberg gegeben hat, brauchte er nicht gelernt
zu haben, und das Wie? der Abzweigung einer Kurfürsten=
und einer Herzogslinie durfte ihm ein Buch mit sieben Sie=
geln sein; aber Eines stand ihm sicherlich fest: Wittenberg ist
ein sächsisches Territorium und ein Herzog von Wittenberg
ein sächsischer Herzog.

Von diesem Wittenberg war ein neuer Geist in die
Welt ausgegangen, und man fühlt, was es bedeutet, daß
Shakspeare einen seiner modernsten Charaktere gerade an
dieser Universität studiren läßt. Doch ach, der Name der
gefeierten Hochschule wurde in England, wo ihn Faust und
Hamlet so hohen Tons verkündigten, sehr schwankend aus=
gesprochen; das verräth die Ausgabe des Marlow'schen
Faustus von 1604, die statt Wittenberg „Wertenberg"
hat *). Dies war aber zugleich die fränkisch=pfälzische Aus=
sprache des Namens Wirtenberg **), die unter den zu
London vernehmbaren deutschen Mundarten dem Engländer
am meisten zusagen mochte, da sie mit seiner eigenen wenn
richtigen Aussprache des Namens zusammenklang. Es bleibt
also in Betracht der Marlow'schen Sprachprobe noch zwei=
felhaft, ob selbst diejenigen Engländer, die dem Herzog
von Wirtenberg den rechten Namen gaben, nicht dennoch

---

*) S. den zweiten Band der Ausgabe Marlow's von Dyce,
S. 5.

**) Die Schreibung `»Werttemberg«` für dieses ist merkwürdiger=
weise auch in die bei Stiftung der Universität Tübingen erlassene
päbstliche Bulle übergegangen.

über die Lage seines Landes meist in der gleichen Täu=
schung begriffen waren, wie die Mehrzahl, die ihn Herzog
von Wittenberg nannte. Hiezu kommt aber noch ein wahr=
scheinlich entscheidendes Element. Wirtenberg war in der
zweiten Hälfte des Jahrhunderts durch die Bestrebungen
Herzog Christoph's, deren Fäden sich bekanntlich bis nach
England verknüpften, geradezu für einige Zeit als prote=
stantische Vormacht in Deutschland an die Stelle Sach=
sens gerückt, und so konnte in dem Prozeß der dunkeln
Kammer, der die Bilder der Volksanschauung gestaltet, um
so leichter die unheilbare Verwirrung eintreten, worin dem
Engländer jener Tage — mit Ausnahme etwa von ein
paar genauer unterrichteten Gelehrten und Politikern —
Wittenberg und Wirtenberg, Elbe und Neckar durch ein=
ander floßen.

Mit dieser Entdeckung gewinnen wir eine kleine Be=
reicherung der Shakspeare'schen Geographie. Dabei ergibt
sich das weitere Curiosum, daß die schwäbische Schwester
der weiland sächsischen Alma ein freilich etwas entferntes
Anrecht auf die akademische Mitbürgerschaft des melancho=
lischen Dänenprinzen erhält — der indessen in seinem Predi=
gen gegen das Trinken als Tübinger Student des 16.
Jahrhunderts gar sehr aus der Rolle gefallen wäre. Bil=
dete ja doch an der Eberhardina von damals die ars
bibendi diejenige Facultät, der man unter allen am füg=
lichsten das eine der akademischen Scepter, ja beide zu=
sammen, hätte vorantragen dürfen!

Das eben ist der Vorwurf, um den sich die Stelle im
Kaufmann von Venedig dreht. Da nun über die Persön=
lichkeit, welcher die Stelle gilt, kein Zweifel mehr bestehen

kann*), so muß alsbald hinzugefügt werden, daß diesem
Fürsten daselbst schweres Unrecht geschieht, daß das Conterfei, daß der Dichter von ihm entwirft, wenn es in vollem
Ernst gegeben wäre, unbedingt Verleumbung genannt werden müßte. Herzog Friedrich war, nach Allem, was wir
von ihm wissen, einer der nüchternsten Fürsten seiner Zeit;
seine Fehler lagen ganz anderswo, als Porzia's Schilderung
uns glauben machen will.

Allein die Schilderung ist, obgleich persönlich, doch offenbar nicht streng individuell gemeint, sondern mehr in her-
kömmlicher Nationalfärbung aufgetragen. Die Culturnatio-
nen des 16. Jahrhunderts waren zwar in dem betreffenden
Punkte fast allzumal Sünder, und es ist ein läder-
liches Schauspiel, diese Trunkenbolde wegen einer ihnen allen
gemeinsamen „Nationalneigung" einander gegenseitig in Ver-
ruf erklären zu sehen; aber die Deutschen, Dänen und Hol-
länder obenan und gleichsam als die Verführer der Uebrigen
hinzustellen, darin kamen sie alle überein. Wenn nun auch
Shakspeare einmal (Othello A. II., Sc. 3) den Anlauf
nimmt, seinen Engländern den Rang noch über diesen drei
Oberclassen einzuräumen, so will er dies doch mehr von der
Potenz verstanden wissen als vom Laster selbst, und im

---

*) Graf Friedrich von Mömpelgart hatte im Jahr 1592 aller-
dings das eigentliche Jünglingsalter überschritten, war zudem seit
elf Jahren verheirathet und von seiner Gemahlin bis dahin bereits
mit zehn Kindern beschenkt worden; allein er zählte doch erst fünf-
undbreißig Jahre und konnte daher gar wohl unter die Freier Porzia's eingereiht werden, wenn nicht gar die der Verhältnisse unkun-
dige Volksmeinung, im Hinblick auf den kühnen Griff nach dem
Hosenbande, sich damit gekitzelt hat, in ihm einen Freier Elisabeth's
selbst zu erblicken.

eigentlichen „Toll= und Volltrinken" verbleibt somit den ge=
nannten Völkern die unbestrittene Führerschaft, so zwar daß
die Deutschen dabei das Imperium haben. Unter den Deut=
schen aber war in diesem Wettkampfe wiederum den Sach=
sen von ihren eigenen Landsleuten die Reichssturmfahne
zuerkannt*), was Shakspeare leicht wissen konnte, da die
deutschen Volksgenossen in London ja wohl nicht unterlassen
haben werden, einander mit Stammesneckereien in ähnlicher
Weise zuzusetzen, wie die Nationen einander mit ihren Na=
tionalitätsstichcleien zusetzten. Jedenfalls aber war ihm der
junge Fürst, der sich sein Mißfallen irgendwie zugezogen
hatte, ein D e u t s c h e r, und so glaubte er nicht fehl zu gehen,
wenn er denselben ohne lange Untersuchung blindlings als
einen Säufer schilderte. Wir wissen ja aus Breuning's
Mißgeschick, wie schnell die Engländer mit diesem Verdacht
einem Deutschen gegenüber bei der Hand waren. Dem Dich=

*) »Daz ist der Sachsen art, die sufen tag und nacht.
— Hat der tüfel die Sachsen gemacht mit ihrem sufen?«
Ulenspiegel herausg. von Lappenberg, S. 116. »Salutes vobis
plures, quam sunt in Polonia fures etc., in Saxonia po=
tatores, in Venetia mercatores« etc. Epistolae obscu-
rorum virorum in Hutteni opp. Suppl. ed. Böcking, I, 215.
(Beide Stellen von Adelbert v. Keller mitgetheilt.) Auf dem Augs=
burger Reichstage 1547 nahm Bartholomäus Sastrow großen An=
stoß an der Aufführung des neuen Kurfürsten Moriz, ohne freilich
eine Ahnung von dem Plane zu haben, der sich hinter diesem Laster=
leben verbarg. Und als ein paar Jahre darauf der Plan des ge=
fährlichen Sachsen, auf einen Schelmen anderthalbe zu setzen und
die heimtückische Politik Karl's V. zu Schanden zu machen, reif
geworden war, sagte Granvella noch in der Zuversicht seiner Staats=
weißheit, so ein deutscher Trunkenbold werde doch ihn nicht über=
listen wollen.

ter selbst übrigens, der wiederholt gegen das Trinken eifert, wiewohl er auch wieder zu verstehen gibt, daß man sich der herrschenden Unsitte nicht immer entziehen könne, ist von der Nemesis
die einem Gaste seines Landes zugefügte Unbill im gleichen
Tone vergolten worden, sofern nach seinem Ableben der
Stratforder Stadtklatsch sich mit dem Geschichtchen trug, er
habe bei einer Zusammenkunft mit Londner Collegen zu
scharf getrunken und sich hieburch ein Fieber zugezogen, das
seinen Tagen ein unzeitiges Ende gemacht habe.

Es bleibt nun zu errathen, was ihn zu seinem Angriff
auf den deutschen Fürsten bewogen haben mag. Wir erinnern uns, daß nicht er allein demselben aufsässig war,
daß auch der Londner Volkswitz den Mömpelgarter Besuch
von 1592 mit einem Uebernamen belegte. Fragt man nun,
wodurch diese Fremden in England angestoßen haben mögen,
so ist zunächst zu bemerken, daß dort jeder Fremde anstieß[*]),
ein Deutscher aber mehr noch als ein anderer, wie denn
die altenglische Komödie zahlreiche Beispiele einer besondern
Herabsetzung des deutschen Wesens liefert, die ja auch bei
Shakspeare vorkommt und sich auf die deutschen Weiber, die
deutschen Uhren, den deutschen Hupfauf, ja bis auf die
deutschen Eber erstreckt. Weiterhin jedoch drängt sich die
Erwägung auf, daß die höheren Stände Deutschlands ein
Gefühl ihrer Würde hatten, das nicht überall der gleichen
Auffassung begegnete. Das deutsche Fürstenthum hat keineswegs erst von Ludwig XIV. jene Art angenommen, die man
als charakteristisches Merkmal des vorigen Jahrhunderts zu
bezeichnen pflegt: es war vielmehr schon längst gar sehr von
Gottes Gnaden. Dies gilt so buchstäblich, daß z. B. die

---

[*]) Badenfahrt Bl. 13a (s. oben S. 15). Rye p. 186.

Söhne eines regierenden Herzogs, so viele ihrer waren, und sobald einer die Feder führen konnte, sich ebenfalls „Von Gottes Gnaden Herzog" schrieben, eine Titulatur, die heut= zutage gelegentlich historiographische Mißverständnisse erzeugt. Dabei wurden die Rangverhältnisse zwischen den fürstlichen Häusern mit möglichster Ausdehnung gewahrt, woraus zahl= lose Vorrangsstreitigkeiten entsprangen. Eine solche ereignete sich, wie schon berührt, bei dem Hosenbandordensfeste von 1595, indem Breuning gegen den Gesandten des Landgrafen von Hessen, einen Grafen Solms, die Präcedenz durchzu= setzen suchte, was einen sehr störenden Auftritt gab. Zu Hause fand dieser Eifer sein gebürendes Lob*), aber den Engländern wollte er nicht recht einleuchten. Das ersieht man aus Breuning's eigener Relation, obgleich dieser sich rühmt, sein Auftreten sei dem Vernehmen nach von vor= nehmen, „gut wirtenbergischen" Lords und Herren höchlich gebilligt worden. Jedenfalls machte die Sache, wie Breu= ning selbst beifügt, nicht bloß bei Hofe, sondern in ganz London ein großes Geschrei**). Es wurde, sieht man bei= läufig, nichts versäumt, den „deutschen Herzog" von Zeit zu Zeit dem englischen Publicum in Erinnerung zu bringen.

In gleicher Weise sodann, wie der größere Fürst auf die geringeren Fürstlichkeiten und alle zusammen auf den Adel, so sah der deutsche Edelmann auf die Stände unter ihm herab. Ein Beispiel dieser Anschauung gibt gerade auch wieder Breuning. Er, der sonst im Ganzen eine mäßige und billige Gesinnung zeigt, erzählt gleichsam mit Aus= rufungszeichen, wie er bei Hof am St. Georgstage neben

---

*) „Ist recht gewesen", bemerkte der Herzog am Rande.
**) Breuning's Relation, S. 32—35.

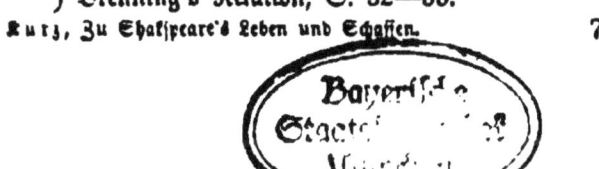

ben abeligen Dienern auch viele Bürger (gegen Befreiung
von Steuern und dgl.) habe aufwarten sehen, die sich eben=
falls in Sammt und Seibe kleiden, „ob sie woll hand=
werckhsleuth, schuster und schneider sein." Noch charakteri=
stischer ist ein anderer Theil seiner Beschreibung des Ordens=
festes: in der Kapelle drängt sich außer den Vornehmen
auch viel „gemeines Volk" herzu, und nachher bei der Pro=
cession im Schloßhofe spricht ihre königliche Majestät „yeder=
man, auch dem gemeinen peuel ofs gnädigst zhu, welcher
sich vor ihr off die Knie begab" *). Und unter diesem „ge=
meinen Pöbel" knieten vielleicht Bühnengrößen wie Will
Shakspeare und Dick Burbage, auf alle Fälle aber, was
noch mehr besagen will, ehrsame Bürgersleute wie Mr. und
Mrs. Page und Ford. Welch ein Abstand von der Den=
kungsart Elisabeth's, die, wie der Gesandte aus ihrem eige=
nen Mund vernahm, nicht bloß ihre englischen Kaufleute,
sondern jeden Engländer überhaupt am fernsten Ort der
Welt empfohlen wissen wollte!**)

Es ist daher nicht eben undenkbar, daß der Fürst, der
Mylord Burghley als simpeln „Monsieur" behandelte, auch
andere Menschenkinder, mit welchen er am Hof und in der

---

*) Hentzner's Itinerarium gibt eine derartige Scene etwas
dramatischer. Die Anwesenden rufen Elisabeth zu: »God save
the Queen!« worauf die kluge Tudor antwortet: »J thank you,
my good people.« Daß bei solchen Repräsentationen nicht etwa
Gesindel zugelassen wurde (was man aus Breuning's Ausdruck
schließen könnte), versteht sich von selbst.

**) Freilich sagte sie auf dem Sterbebette, sie wolle keinen Lum=
pen, sondern einen König zum Nachfolger. Wenn nun schon der
Nächste unterm Königsrang ein Lump war, was blieb da für den
Rest der Nation?

Stadt zusammen gerieth, durch selbstbewußtes Auftreten vor
den Kopf gestoßen habe *). Aber den größten Anstoß gab
er jedenfalls durch sein Ordensgesuch. Als Vetter eines
vermeintlich sächsischen Herzogs, der ja vielleicht selbst schon
einer Nebenlinie des Kurhauses angehörte, mag er dem un-
wissenden Stolze des Engländers etwa wie ein „jüngerer
Sohn eines jüngeren Bruders" und sein Verlangen nach
dem ersten Reichsorden Englands als ein Einfall erschienen
sein, der unmöglich aus einem nüchternen Kopfe kommen
konnte. Breuning's Relation belehrt uns, daß diese Be-
werbung durch die vielen Gesandtschaften im Publicum rucht-
bar geworden sei. Allein welchen Grund hätte die Königin
gehabt, ein Geheimniß daraus zu machen? Ohne ihre Zu-
lassung, ja ohne ihren bestimmten Willen hätte es ja doch
niemand wagen dürfen, ihren fürstlichen „Vetter" von Mömpelgart, den Neffen des Herzogs von „Wittenberg", auf dem
Theater anzutasten. Nebenbei bemerkt, war die Verwand-
lung des Schwaben in einen Sachsen für sie nicht bloß be-
lustigend, sondern ohne Zweifel auch ihrem Anstandsgefühle

---

*) Zu diesem Auftreten gehörte das „Du" gegen kleinere er-
lauchte Häupter, an welchem freilich hinwiederum Kaiser Rudolf
auch i h m gegenüber festhielt. So erzählt Sattler, wie ihm die
Requisition eines entflohenen Alchymisten bei dem Grafen von
Schaumburg wegen seines Curialstyls beinahe fehlgeschlagen wäre.
„Weil aber der Herzog in seinem Schreiben diesen dutzte, so nahm
der Graf solches empfindlich auf, indem er gleichwohl als ein An-
verwandter des Königlichen Dänischen Hauses ein besseres Tracta-
ment erwartete." Setze man den Fall, der hohe Herr hätte sich
gegen einen gewissen großen Unbekannten, der Potentaten nicht bloß
vorzustellen, sondern — trotz Warwick — zu machen gewohnt war;
bei einer zufälligen Begegnung im Weichbild London's eine ent-
sprechende Freiheit, also eine noch viel größere, genommen!

gemäß, insofern durch die Verkleidung der Angriff gemildert wurde.

Wenn wir uns nun erinnern, daß auch die Anspielung von 1595, die auf den deutschen Herzog in den Lustigen Weibern, eine starke Spur von Einwirkung des Hofes zeigt, so ist es ohnehin nahe gelegt, im gegenwärtigen Falle ein Gleiches oder Aehnliches zu vermuthen. Eine persönliche Beziehung des Dichters zum Hofe geht aus solcher Einwirkung gerade noch nicht hervor. Der Direction seiner Truppe hat es selbstverständlich niemals an Mitteln und Wegen gefehlt, die Stimmung der Königin zu erforschen oder ihre gebietenden Wünsche entgegen zu nehmen.

Die Untersuchung hat also nunmehr ergeben, daß der Herzog in den Lustigen Weibern und der Herzogsneffe im Kaufmann von Venedig eine und dieselbe Persönlichkeit ist, daß wir somit, während wir abzuschweifen schienen, vielmehr ganz bei der „Stange" geblieben sind. Auch für die Zeitbestimmung, auf die wir unser Augenmerk richten müssen, hat sich wenigstens so viel herausgestellt, daß es allerdings nothwendig war, uns bei der jetzt abgehandelten zweiten Anspielung zu verweilen, indem es klar wurde, daß sie vielmehr die erste von beiden ist. Denn das Drama, in welchem der Herzogsneffe vorkommt, muß früher geschrieben sein als dasjenige, worin wir denselben zum Herzogsrange vorgerückt sehen. Doch wird sich eine festere Zeitbestimmung erst versuchen lassen, wenn wir mit den Geburtstagen der Weiber von Windsor und ihrer nächsten Anverwandten so weit thunlich im Reinen sind. Und das ist die Aufgabe, zu welcher wir jetzt überzugehen haben.

4

Die Dramengruppe von 1595.

Also — wie Hegel seine Vorlesungen zu beginnen pflegte — also wir haben festzustellen, wann die Lustigen Weiber von Windsor geschrieben sind. Eine Frage übrigens, die bei Licht betrachtet bereits entschieden ist und wenig Feder= lesen mehr kosten sollte. Sie ist ohne Weiteres entschieden, sobald man sich nur auf den richtigen, nämlich auf den der Natur der Sache gemäßen Standpunkt stellt.

Shakspeare, das ist voraus zu erwägen, schrieb nicht für eine sublime Bildung, die da dürres Gras wachsen hört und einen Wald voll grüner Wipfel übersieht: er schrieb für einen grobsinnlichen Stoffhunger, dem ein Heer wett= eifernder Bühnenköche nicht neue Kost genug auftischen konnte, der sich das Handgreiflichste bieten ließ, nimmermehr aber etwas Abgestandenes, wie einen alten Schwank, über den man sich beim fernbigen Schnee müde gelacht, vertragen haben würde. Zwar hatte unseres Dichters Bühne die Ge= bildeten für sich, d. h. den kleinen Theil derselben, der über= haupt in das Theater ging, aber über das Schicksal eines Stückes entschied darum doch die große Mehrheit; und mit aufgewärmtem Kohl würde man auch bei einem gewählten Kreise schlecht angekommen sein. Das wäre selbst bei einem nicht so durch rasche Abwechslung verwöhnten Publicum von heute ganz der gleiche Fall: ein Lustspieldichter, der ein zwar spaßhaftes aber unnachhaltiges Tagesereigniß auf die Bretter bringen wollte, dürfte wahrhaftig die Tage und Stunden zählen. Kein Zweifel also: die Lustigen Weiber mit ihrer Episode sind zu einer Zeit in Scene gesetzt wor= den, wo das Geschichtchen, auf das sich dieselbe bezog, noch möglichst neu und frisch war, und der e r s t e Erfolg der Episode hing einzig an dem Reize, den das unmittelbar aus dem Tagesleben Genommene hat.

Man kann sich wundern, daß der Dichter die Episode, nachdem sie bei den ersten Aufführungen ihren Dienst ge= than, nicht durch ein organischeres Lustspielgewebe ersetzt hat. Wenn sie auch später noch in ihrer so unvermittelten Fassung wiederholt auf die Bühne gebracht werden konnte, so muß ihr erster Erfolg und die lustige Theilnahme an dem nun einmal zur höheren Thatsache erhobenen Unfall des Wirthes sehr anhaltend gewesen sein, wozu wohl auch mimische Verdienste, die gerade in solchen Fällen leicht ein Theaterherkommen begründen, das Ihrige beigetragen haben mögen. Und daß sie wirklich mindestens sieben Jahre lang, bis in das letzte Jahr Elisabeth's, dem Publicum behagte, das beweist der Raubdruck von 1602. Ob sie unter dem mit Wirtenberg befreundeteren König Jacob, vor welchem die Lustigen Weiber ebenfalls aufgeführt wurden, fortgegeben werden durfte, bleibt ungewiß ; doch erhielt sie sich jedenfalls in dem (wie immer auch sonst beschaffenen) Bühnenmanuscript, aus welchem der erste rechtmäßige Druck von 1623 hervor= ging. Fiel sie in der Theaterpraxis einfach weg, so kam eben in die Oekonomie des Stücks, die ohnehin nicht dessen stärkste Seite ist, ein Mangel weiter.

Wie dem aber auch sein möge, jedenfalls stammt die

Episode von der ersten Aufführung her und ist nicht etwa
später eingeschaltet worden: denn sonst hätte zuvor an ihrer
Stelle eine organischere Scene stehen müssen, worin dem
ursprünglichen Plane gemäß Pfarrer und Doctor persönlich
an dem Wirth Rache nahmen, und diese Scene würde bei
dem allmählichen Veralten der Anekdote in ihre Rechte zu-
rückgetreten sein. Die sichtbare Aenderung des Planes macht
ja beinahe den Eindruck, als ob der Dichter mitten im
Zug von der Anekdote überrascht worden wäre, so daß er
sie mit munterem Entschlusse frischweg als eine Bescherung
des Augenblicks am Schopf ergriff und dem bereits in Arbeit genommenen Wirthe mittelst einer Nachtaufe unter das
zum Sprechen getroffene Bild auch noch den selbstrebenden
Namen schrieb.

Fragt man nun näher nach dem Tage der ersten Aufführung, so empfiehlt der Titel der Quarto das Stück, „as
it hath bene diuers times acted by my Lord Chamber-
laines seruants both before her Maiestie and else-where“,
und in Betracht der abgöttischen Verehrung, die ihr gezollt
werden mußte, sollte man glauben, daß die Königin von
diesen Darstellungen die erste für sich selbst in Anspruch genommen habe. Dann fiele der fragliche Tag, falls hiebei
die Regel nicht überschritten wurde, in die aus den Accounts
of the Revels at Court*) bekannte Periode der Hofschau-
spiele, also in die Zeit von Weihnachten 1595 bis Fastnacht
1596 (oder nach damaligem Kalender ebenfalls noch 1595).

Diese Rechenschaftsberichte über die Hoflustbarkeiten haben
jedoch leider eine Lücke (1588—1604), worin Shakspeare's

---

*) Extracts from the Accounts of the Revels at Court
in the reigns of Elizabeth and James I. by P. Cunningham.

halbe Dichterlaufbahn und seine ganze Stellung zu Elisabeth begraben liegt. Von Jacob bezeugen dieselben eine Freude am Drama und eine Zuneigung zum Drama Shakspeare's, die dem ärmlichen gekrönten Literaten denn doch zu einiger Ehre gereicht. Ueber das Verhalten seiner Vorgängerin nach dieser Seite weiß man etwa so viel, daß sie Masken, Moralitäten und speichelleckerische Allegorieen gerne sah, doch auch Erzeugnisse der fortschreitenden Kunst und Bildung, und darunter Shakspeare'sche, keineswegs verschmähte*). In= dessen war der Hof unter beiden Regierungen niemals von Einfluß auf die Entwicklung der Bühne, und noch weniger ließ er es sich beigehen, die nationale Muse unter jene Staats= fürsorge zu nehmen, welcher die sehr entfernte Base des Wildfangs, die französische Tragödie, ihre eiserne Ordnung und grauenhafte Ruhe dankt. Ja, es ist aus der Geschichte des englischen Theaters bekannt, daß ein Drama gewöhn= lich erst dann, wenn es auf einer der öffentlichen Bühnen seine Probe bestanden hatte, nach Hof begehrt wurde.

An die Hofschauspielzeit sind wir also nicht gebunden. Die bekannte Sage sodann, daß Shakspeare seine Wind= sorer Falstaffskomödie auf Befehl der Königin binnen vier= zehn Tagen geschrieben habe, lassen wir dahingestellt. Sie wird wohl, wie die meisten Sagen, einen historischen Kern enthalten. Eine Art Heimweh nach den Falstaffsscenen der beiden Heinriche wurde sicherlich vom ganzen Publicum ge= theilt und konnte daher mit größerem oder geringerem Rechte

---

*) Von der Verlornen Liebesmüh und den Lustigen Weibern ist es namentlich bezeugt, daß sie vor der Königin gespielt wurden, die erstere Komödie an Weihnachten 1598. Allgemeinere Zeugnisse finden sich bei Henry Chettle und besonders in Ben Jonson's Ge= dicht am Eingang der Folio.

auch der Königin zugeschrieben werden; aber ein unzweifel=
hafter Antheil des Hofes blickt jedenfalls aus der nachge=
wiesenen offiziösen Berichtigung heraus, die freilich keinen
Verzug erleiden durfte. Angenommen nun auch, das Stück
sei ausnahmsweise zuerst vor der Königin aufgeführt wor=
den, so verlangte doch die Berichtigung bringend nach ihrer
eigentlichen Behörde, nach dem Publicum.

Diesen Erwägungen zufolge ist auf die gestellte Frage
zu antworten: die Lustigen Weiber sind in der zweiten
Hälfte des Jahres 1595 geschrieben, zeitig nach dem Vor=
fall, von welchem die Episode handelt, und zwar so zeitig
als es der behenden Feder des Dichters — der nach seiner
Herausgeber bewundernden und Ben Jonson's kopfschüttelln=
dem Zeugniß nicht leicht eine Zeile ausstrich — nur immer
möglich war. Die erste Aufführung konnte daher vielleicht
schon im Herbste, spätestens aber mußte sie zu Ende 1595
oder zu Anfang 1596 stattfinden, in welchem Falle sie aller=
dings, jedoch mehr zufällig, mit der solennen Hofschauspiel=
zeit zusammentraf.

Hiemit ist für die Abfassung dieser Komödie ein im
Ganzen sicheres Datum gefunden, eine Errungenschaft, die
dem Shakspearianer von der stricten Observanz nicht eben
so gemein wie Brombeeren sein wird. Aber auch uns An=
dern verheißt sie erwünschte Kunde, denn an das gewonnene
Ergebniß schließen sich weitere und inhaltsreichere an.

Ehe wir jedoch zu diesen übergehen, gilt es für die
nunmehr in's Spiel kommende Zeitbestimmung einiger Shak=
speare'schen Dramen eine Reihe Vorfragen abzuhandeln. Das
angezeigte Verfahren greift sogar auf die Lustigen Weiber
selbst zurück, obgleich über die Zeit ihres Eintretens in die
Welt kein Zweifel mehr bestehen sollte.

Da müssen wir uns nämlich gleich einem Stein des Anstoßes zuwenden, der dem gewonnenen Datum im Weg zu liegen scheint.

Dies ist das bekannte, für die Shakspeare'sche Chronologie wichtige Buch von Francis Meres, Palladis Tamia, das im Jahr 1598 herauskam, und in dessen Einleitung eine Vergleichung der damaligen englischen Poeten mit den griechischen und römischen angestellt ist*). Es ist recht erbaulich da zu sehen, wie ein Shakspeare fast durchgängig neben Marlow, Peele, Watson, Kyd, Drayton, Chapman, Dekker, Jonson, Lilly, Lodge, Gascoyne, Greene, Nash, Heywood, Munday („our best plotter"), neben Porter, Wilson, Hathway, Chettle, so recht im Haufen mitlaufen darf.

Doch gibt es ein paar Ausnahmsstellen, die wunderlich genug gegen den übrigen Text abstechen, und darunter besonders eine, in welcher der Dichter über alle seine dramatistischen Landsleute emporgehoben wäre, wenn nicht die Wirkung der Stelle durch andere Aussprüche von der gleichen aphoristischen Art wieder abgeschwächt würde. Dieselbe lautet: „Wie Plautus und Seneca als die besten für Komödie und Tragödie unter den Lateinern gelten, so ist Shakspeare unter den Engländern der ausgezeichnetste in beiden Bühnengattungen: für die Komödie bezeugen dies seine Edelleute von Verona, Irrungen, der Liebe Müh umsonst, der Liebe Müh gekrönt, Mittsommernachtstraum, Kaufmann von Venedig; für die Tragödie Richard II., Richard III.,

---

*) »A comparative discourse of our English Poets with the Greeke, Latine, and Italian Poets,« abgedruckt in der Censura literaria, IX, 41—55. London 1809.

Heinrich IV., König Johann, Titus Andronicus, Romeo und Julia." *)

Also nichts von den Weibern von Windsor.

Nun gibt uns diese Stelle allerdings die schätzbare Gewißheit, daß die genannten Stücke in dem genannten Jahre vorhanden gewesen sind. Allein hiemit ist noch keineswegs für die nichtgenannten das unbedingte Gegentheil bewiesen. Man betrachte nur vorerst einmal die typische Zahl der verzeichneten Komödien und Tragödien. Es wäre doch verwunderlich, wenn Shakspeare um die angegebene Zeit in jeder der beiden Gattungen haargenau ein halbes Dutzend fertig gehabt hätte.

Freilich, die Nennung des Titus Andronicus scheint, im Sinne heutiger Auffassung, anzuzeigen, daß der gute Meres Vollständigkeit um jeden Preis beabsichtigte. Und doch ließ er eine andere, weit bessere Jugendarbeit des Dichters, Heinrich VI., unerwähnt. Diese Trilogie hat nun zwar in gebietenden Kreisen der Shakspearegelehrsamkeit eine geraume Weile für eine unselbstständige Ueberarbeitung eines früheren Products aus anderer Feder gegolten; allein von Delius ist siegreich und seitdem von Ulrici **)

---

*) „As Plautus and Seneca are accounted the best for comedy and tragedy among the Latines, so Shakespeare, among the English, is the most excellent in both kinds for the stage; for comedy, witness his Gentlemen of Verona, his Errors, his Loves Labour's lost, his Loves Labour's won, his Midsummernights dream, and his Merchant of Venice: for tragedy, his Richard the 2., Richard the 3., Henry the 4., King John, Titus Andronicus, and his Romeo and Juliet." Cens. lit. IX, 46.

**) Im Jahrbuch der Deutschen Shakspearegesellschaft für 1866.

vollends erſchöpfend nachgewieſen, daß dem nicht ſo iſt,
und daß namentlich Shakeſpeare's Zeitgenoſſen, vor allen
ſeine Gegner, keineswegs dieſer Meinung geweſen ſind.
Nun war Heinrich VI., als Meres ſchrieb, nicht nur längſt
vom Theater her, ſondern ſeit mehreren Jahren theilweiſe
auch durch den Druck bekannt, und der Kritiker kannte von
Shakſpeare ſogar Ungedrucktes, die Sonette. Die Weg=
laſſung hat alſo bei ihm einen ganz andern Grund als Un=
kenntniß des Werkes oder Täuſchung über die Autorſchaft,
und zwar kann ſie nur noch einen Geſchmacksgrund haben.
Heinrich VI. ſchien ihm der Vergleichung mit den Tragö=
dien Seneca's nicht ſo würdig wie Titus Andronicus. Mit
einem Claſſiciſten dieſer Art iſt nicht zu rechten, um ſo
weniger als wirklich im Andronicus der Geiſt des ſoge=
nannten Seneca leibhaftig ſpukt.

Aber nicht bloß Heinrich VI., noch ein ganz anderes
Stück hat dem Andronicus Platz machen müſſen, ſofern
ſich nämlich mit großer Wahrſcheinlichkeit nachweiſen läßt,
daß auch Hamlet, von welchem Meres ebenfalls ſchweigt,
im Jahr 1598 hätte genannt werden können*). Indeſſen

---

*) In einem Exemplar von Chaucer's Werken, das einſt dem
Dr. Gabriel Harvey zugehört hatte, fand Steevens von deſſen Hand
folgende Bemerkung eingeſchrieben: »The younger sort take much
delight in Shakspeare's Venus and Adonis, but his Lucrece,
and his tragedy of Hamlet Prince of Denmark, have it in
them to please the wiser sort, 1598.« Harvey, der unglück=
liche Erfinder des engliſchen Herameters, bekannt durch ſeine Fehde
mit Naſh, wußte in der Literatur ſo gut wie Meres Beſcheid; au=
ßerdem zeigt ſein Ausſpruch, daß er ſich Zeit genommen hatte, die
Urtheile zu ſammeln und zu vergleichen, daß ſomit, als er die Be=
merkung niederſchrieb, der Hamlet nicht einmal mehr ganz neu ſein

schon die Eine Weglassung des Heinrich VI., eines erweislich bereits 1592 vorhandenen dramatischen Werkes, reicht
hin, den negativen Einfluß der Meres'schen Liste auf die
Shakspeare'sche Chronologie zu erschüttern; denn sie be-

konnte. Nur ist das Datum der Bemerkung in Frage gestellt.
Malone nämlich, der in der ersten Ausgabe seiner chronologischen
Ordnung von Shakspeare's Dramen die von Steevens beigebrachte
Notiz adoptirt hatte, erklärte in der zweiten Ausgabe, er habe das
Buch mittlerweile selbst zur Hand bekommen und sich überzeugt, daß
das Datum nicht zu der Bemerkung gehöre, sondern die Zeit der
Anschaffung des Buches bezeichne. Dasselbe ist ein Exemplar der
1598 erschienenen Ausgabe Chaucer's von Th. Speght. Seit dieser
Erklärung Malone's ist Harvey's Eintrag von den Kritikern bei
Seite gelegt worden. Er wäre jedoch, da das Buch wohl noch vorhanden sein wird, einer erneuerten Prüfung werth, denn, so weit
bei unvollständiger Vorlage der Acten geurtheilt werden kann, scheint
das Komma vor der Jahreszahl denn doch etwas zu leichthin abgefertigt. Wir sind jedoch nicht auf dieses einzige Actenstück beschränkt.
Eine Vergleichung der Quartausgabe des Hamlet von 1603,
der Quarto von 1604 und des Hamlet in der Folio von 1623, in
Verbindung mit der buchhändlerischen Bezeichnung desselben als
eines neuen Stückes im Jahr 1602, eine Combination, die in der
Einleitung von Delius vollständig nachgelesen werden kann, beweist,
daß der Dichter die Tragödie zweimal bearbeitet hat und daß der
„neue" Hamlet von 1602 der Hamlet letzter Hand ist, während die
Quarto von 1603 betrügerischer Weise den Hamlet erster Hand gibt.
Dieser erste Hamlet von Shakspeare ist also in der Zeit vor 1602
gespielt worden, und zwar muß er eine Reihe von Jahren hindurch
gespielt worden sein, da es in der Natur der Sache liegt, daß der
Dichter, der immer für frische Stücke zu sorgen hatte, die Neubear-
beitung eines auf das Theater gebrachten Entwurfes nicht eher vor-
nahm, als bis derselbe für das Publicum veraltet und vielleicht sogar einige Zeit von der Bühne verschwunden war. Folglich ist es
im höchsten Grade wahrscheinlich, daß Shakspeare's Hamlet erster
Hand in und vor dem Jahr 1598 bereits dagewesen ist.

weist, daß der Kritiker überhaupt kein vollständiges Ver=
zeichniß der bis 1598 aufgeführten Dramen Shakspeare's
geben wollte, sondern bloß eine — überdies noch auf zwei
gleichmäßige Zahlenreihen reducirte — Auswahl derjenigen,
die in seinen Augen den Komödien und Tragödien zweier
Classiker so oder so ebenbürtig waren. Nun sind die Lu=
stigen Weiber, obgleich z. B. der Verlornen Liebesmüh
hundert= und tausendfach überlegen, gewiß keine Komödie
des höheren Styls, und an dem Verfasser von Palladis
Tamia sollte es uns daher gar nicht wundern, wenn er sie
für eine bloße Localposse genommen hat.

Wir brauchen uns somit in der Datirung dieser Ko=
mödie durch die Meres'sche Geschmacksliste nicht beirren zu
lassen, und, um von vorn herein zwei gleichartige Geschäfte
gleichzeitig abzuwickeln, auch in einem zweiten ähnlichen
Punkte nicht.

Heinrich V. nämlich, der zu den Lustigen Weibern in
einem bestimmten stofflichen und zeitlichen Verhältniß steht,
wird unter anderem auch deshalb, weil er in jener Liste
fehlt, als nach 1598 verfaßt betrachtet. Er kann aber
ebenfalls aus einem ganz andern Grunde, als weil er da=
mals noch nicht vorhanden gewesen wäre, weggeblieben sein.
„Das Stück," sagt Moriz Rapp von diesem Drama, „hat
keine Intrike und keine Spannung, sondern rein epischen
Verlauf durch Situationen, welche der Dichter durch Local=
malerei verherrlicht." Freilich sieht Rapp hierin ein Aeu=
ßerstes geleistet, und erklärt, er für seine Person halte
dieses Stück für den höchsten Triumph von Shakspeare's
Kunst; aber ob Meres auch dieser Ansicht war, das eben
ist die Frage.

Wohl meint der alte Kritiker, daß Shakspeare unter

ben Engländern, mit Plautus und Seneca verglichen, am
meisten excellire, aber wenige Seiten darauf gibt er, wie
vorhin angedeutet, zu verstehen, daß doch unter ihnen ein
besserer Erfinder oder Knotenschürzer zu nennen sei. Ja,
er läßt noch ein gefährlicheres Wort fallen. „Wie Bucha-
nan's Jephtha", sagt er an einer andern Stelle, „unter allen
modernen Tragödien die Probe der Aristotelischen Regeln
und die Vergleichung mit Euripides aushalten kann, so
kann's auch Bischof Watson's Absalom" *). Also diese beiden
allein, scheint es nach der wunderlichen, jedoch ziemlich un-
zweideutigen Classificationsweise.

Auf griechische Classicität darf ihm somit Shakspeare

---

*) »As Georgius Buckananus' Jephthe, amongst all mo-
derne tragedies, is able to abide the touche of Aristotle's
precepts, and Euripides examples, so is Bishop Watson's Ab-
salon.« Cens. lit. IX, 52. — Da Meres gewöhnlich nur mit
seinen Aussprüchen über Shakspeare citirt wird, so dürfte es nicht
überflüssig sein, ihn noch etwas näher kennen zu lernen. Wir
wählen hiezu einen andern seiner Aphorismen, in welchem er die
Entdeckung niedergelegt hat, gleichwie es acht Hauptsprachen in der
Welt gebe, so gebe es acht Hauptgattungen in der Poesie. »As
there are eight famous and chief languages, Hebrew, Greek,
Latine, Syriacke, Arabicke, Italian, Spanish and French:
so there are eight notable severall kinds of poets, heroicke,
lyricke, tragicke, comicke, satiricke, iambicke, elegiacke
and pastoral.« Ib. p. 47. Ob dabei das Syrische der komischen, das Arabische der satirischen Poesie entspricht u. dgl, darüber
läßt er uns im Dunkeln. Es muß zugegeben werden, daß die Stelle
dem Geschmack der Zeit nicht völlig fremd ist, doch wird auch nicht
geleugnet werden können, daß der Zeitgeschmack hier auf die äußerste
Spitze getrieben ist. Daß seine eigene Sprache so eben selbst den
edelsten und vornehmsten beigetreten war, ist dem guten Kritikaster
in seiner Bescheidenheit entgangen.

kaum Anspruch machen, sondern nur auf „lateinische", und als plotter hat er einen Landsmann über sich. Was den letzteren Punkt anbelangt, so dürfte fürwahr der Titus Andronicus, selbst wenn seine bis jetzt unbekannte Quelle noch einmal zum Vorschein kommen und seine Eigenschaft als Erfindung zu nichte machen sollte, immer noch in der Schlag auf Schlag vordringenden Durchführung der Handlung einen guten Theil der reiferen Werke Shakspeare's hinter sich lassen. Der Dichter selbst ist sich begreiflicherweise zeitig genug bewußt geworden, daß seine Stärke ganz anderswo liege als im plot.

Nimmt man jedoch die Meres'sche Liste jetzt noch einmal von diesem Standpunkte vor, so wird man zu dem Schlusse kommen, daß der Kritiker bei der Aufnahme in die beschränkte Sechszahl*) beider Gattungen nicht nur mehr oder minder dunkle Postulate seines Classicismus geltend machte, sondern nebenher besonders auch auf solche Stücke sah, die der Forderung eines Knotens bis zu einem gewissen Grad entsprachen. Auf die Verlorne Liebesmüh läßt sich diese Kategorie freilich nur sehr entfernt anwenden, aber dieses Stück empfahl sich von einer andern Seite, nämlich durch seinen schöngeisterisch-vornehmen Modeton. Das war nun eine Eigenschaft, auf welche die Lustigen Weiber zu ihrem großen Vortheil ganz und gar keinen Anspruch haben, während sie zugleich unter dem Gesichtspunkte der Knotenschürzung eine sehr bescheidene Rolle spielen.

---

*) Wenn, wie sich weiterhin stillschweigend herausstellen wird, unter Heinrich IV. beide Theile zu verstehen sind, so hat er eine wohlwollende Ueberschreitung eintreten lassen, die er sich wohl erlauben durfte, da sie formell nicht fühlbar wird.

Gerade hierin aber steht Heinrich V. sowohl dieser Ko=
mödie als der tragischen Trilogie Heinrich VI. vollends auf
Meilenweite nach, während er andererseits immer noch eine
Strecke vor dem Hamlet voraus ist, der durch sein end=
loses Aufderstelletreten nicht bloß bei modernen, sondern ge=
wiß auch bei älteren Kritikern (und schon in der früheren
Fassung) hin und wieder das Kraut verschüttet hat.

Allein — um gleich hier im Zusammenhang eine wei=
tere nothwendige Vorfrage zu erledigen — es gibt noch
einen andern Grund, vermöge dessen Heinrich V. in eine
spätere als die ihm gebürende Zeit gesetzt wird.

Der Prolog zu dessen fünftem Act spielt nämlich auf
die irische Expedition von 1599 an.

Dieser Feldzug, durch welchen das unglückliche, bis heute
nicht zur Ruhe gekommene Land wieder einmal beruhigt
werden sollte, nahm des Dichters Theilnahme ganz besonders
in Anspruch. Sein Gönner Southampton war ja mit dem
Feldherrn durch jene Freundschaft verbunden, die bald her=
nach so verhängnißvoll wurde. Ende März des gedachten
Jahres zog Esser unter dem Jubel des Londner Volkes,
von Southampton, Rutland und den andern Genossen seines
sich vorbereitenden Schicksals begleitet, nach Irland aus.
Die erste Handlung, durch welche er sich dort Elisabeth's
Unwillen zuzog, war die Uebertragung des Commando's
der Reiterei an Southampton, welchem die Königin wegen
der Verbindung mit Elisabeth Vernon zürnte. Zweimal
mußte sie in den strengsten Ausdrücken schreiben, bis er den
Freund dieser Stelle wieder zu entheben sich entschloß.
Nachdem er hierauf die Rebellion in einer für das herr=
schende England nicht sehr glänzenden Weise gedämpft, kehrte
er eigenmächtig Ausgangs September mit Southampton und

ben anbern Freunben zurück, überraschte bie Königin an ihrem Hoflager zu Nonsuch, unb verfiel in jene Ungnabe, bie ihn seinem Verhängniß entgegen führte. Im October sobann finben wir bie Grafen Southampton unb Rutlanb zu Lonbon, wo sie sich bem noch immer in Nonsuch be= finblichen Hofe entziehen unb jeben Tag ins Theater gehen *).

Hienach wirb man für bas Datum ber Anspielung, bie eine siegreiche Rückkehr bes Felbherrn in Aussicht stellt, zwischen zwei engbegrenzten Zeitpunkten zu wählen haben. Zur Zeit bes Auszuges, im Frühling, war sie vorzugsweise passenb angebracht. Im Sommer aber, währenb bie Be= geisterung burch anfangs zweifelhafte, balb immer ungün= stiger lautenbe Gerüchte mehr unb mehr niebergeschlagen war, hätte sie bas Gegentheil ber beabsichtigten Wirkung hervorrufen müssen. Im September jeboch war sie in ihrer Art auch wieder am Platze, nämlich als ein Versuch,

---

*) Rowlanb Whyte schreibt um biese Zeit aus Lonbon an Sir Robert Sibney: »My Lord Southampton and Lord Rutland came not to the Court; the one doth but very seldom; they pass away the Tyme in London merely in going to Plaies every Day. Strand, this Thursday the 11 of october, 1599.« (Sidney) Letters and Memorials of State, II, 132. In biesem Falle war ber Theaterbesuch zum Theil eine Demonstration gegen ben Hof. Von ungemischter Vorliebe für Schauspiele zeugt jeboch ein früherer Brief besselben an benselben, geschrieben am 30. Ja= nuar 1597, unmittelbar vor ber Reise, auf welcher Southampton ben Staatssecretär Robert Cecil nach Paris begleitete (ebb. II, 86): »My Lord Compton, my Lord Cobham, Sir Walter Rawley [Raleigh], my Lord Southampton, do severally feast Mr. Secretary before he depart, and have Plaies and Banquets. My Lady Darby, my Lady Walsingham, Mrs. Anne Russell, are of the Compagny, and my Lady Rawley.«

das Volk auf die unerwartete Zurückkunft seines Lieblings
vorzubereiten und dieselbe in das beste Licht zu stellen.
Wer für Essex Partei nahm, konnte mit einiger poetischen
Licenz immerhin sagen, er habe, wenn auch nicht die Re=
bellen, so doch „die Rebellion auf sein Schwert gespießt.“
Und daß die Shakspearetruppe der Essex=Southampton'schen
Partei noch in der Entscheidungsstunde hold und gewärtig
war, das zeigte sie, indem sie sich am Nachmittag vor dem
unseligen 8. Februar 1601 von Sir Gilly Merrick be=
wegen ließ, unter großem Zulauf der Verschwornen Ri=
chard II. mit seinen Revolutionsscenen zu spielen — ein
Unterfangen, das im Staatsprozeß als erschwerend für die
Angeklagten behandelt wurde und für die Schauspieler selbst
wohl nur darum ungefährlich blieb, weil diese auf der Wage
staatsbürgerlichen Daseins weniger mitgewogen wurden.

Die einfachste der beiden Annahmen ist immerhin die,
daß die gehobene Stimmung der Märztage, der Tage des
Abmarsches, in der Aufführung eines Nationaldrama's und
einem darin angebrachten hoffnungsvollen Zurufe ihren
Ausdruck fand*). Welcher von beiden Zeitpunkten aber
auch der richtige sein möge, die Anspielung war jedenfalls
ganz und gar vom Augenblicke geboten. Sie bedurfte
eines im Allgemeinen entsprechenden Stückes, worin sie an
möglichst passender Stelle angebracht werden konnte. Ob
nun der Dichter in dem gebietenden Augenblicke gerade ein
neues Stück dieser Art in Bereitschaft hatte, das kam
rein auf den Zufall an. Hatte er keines, so mußte er eben
ein älteres nehmen. Ein neues erst zu **schreiben**, wegen
einer Anspielung von nicht sechs Zeilen, dazu hätte schon

---

*) Das Wort »now« steht dieser Auffassung nicht im Wege.

die Zeit nicht gereicht, weder im Frühling noch im Herbste:
denn mit der Bestallung des Feldherrn ging es, als sie
entschieden war, bekanntlich wie im Sturme, und seine Rück=
kehr aus Irland erfolgte über Hals und Kopf.

Nun ist die Anspielung, wie schon gesagt, eine Stelle
von ein paar Zeilen, und hat mit dem Stücke selbst nichts
weiter zu thun. Ja noch mehr, sie gehört n i c h t zu dem
ursprünglichen Gedankenflusse, welchem sie sich beigesellt,
sondern ist n a c h t r ä g l i c h in denselben e i n g e s c h o b e n.
Das gibt der flüchtigste Anblick, indem sie deutlich genug
in sich selbst die Spuren der Löthung trägt*).

----

*) Es ist von Heinrich's Triumpheinzug in London die
Rede. Gemeinderath und Bürgerschaft, heißt es, ziehen ihm ent=
gegen, wie aus Rom der Senat sammt den Plebejern dem Sieger
Cäsar entgegen zog, und — so ist angeschweißt — wie man (jetzt
abermals aus London) dem Feldherrn der großen Königin ent=
gegen ziehen würde, wenn er, wie zu erwarten, siegreich aus Irland
zurückkäme. Der Dichter hat den Sprung gefühlt, den er in einer
Parenthese (»by a lower but by loving likelihood«) entschul=
digt. — Wäre die Einschaltung nicht so sichtbar, so könnte man
annehmen, er habe diese Chorusprologe 1599 hinzugefügt, theils
um das nicht mehr ganz neue Stück wieder in Zug zu bringen,
theils um bei dieser Gelegenheit seinen zu Felde ziehenden Gönnern
einen huldigenden Gruß zu= oder nachzurufen. Allein der Chorus
scheint wirklich von Anfang einen Bestandtheil dieses Drama's ge=
bildet zu haben, da er dem ausgesprochenen Charakter desselben, als
eines Festspiels, durchaus angemessen und darum so gut wie noth=
wendig ist. — Daß die Quarto's, auch die n a c h 1599 gedruckten,
k einen Chorus haben, ist ein deutlicher Wink für die Beurtheilung
des Verhältnisses der meisten dieser Raubdrucke zum Bühnen=
manuscript; denn die Chorusreden waren natürlich dem Nachschrei=
ber und seinem Textstricker am unzugänglichsten. — Die Anspie=

Als Seitenstück zu dieser nachträglich eingeschalteten Anspielung bietet sich eine zweite, und zwar eine, die nicht so leicht aus inneren Gründen als Einschiebsel zu erkennen wäre.

Ganz in ähnlicher Weise hat nämlich der Dichter auch dasjenige Drama, von welchem wir ausgegangen sind, durch spätere Einschaltung einer Stelle bereichert, die ebenfalls, und directer als die von 1599, dem eigentlichen Gegenstande seiner wiederholten Huldigungen gilt. Es ist die Verherrlichung des Hosenbandordens im fünften Act der Lustigen Weiber. Dieselbe scheint zwar sehr passend als Ausgleichung angebracht am Schlusse einer Komödie, worin der Orden mit Elementen des Lächerlichen in eine Nachbarschaft gestellt ist, die das Erhabene nicht immer gut verträgt. Allein die Anspielung (die schon Malone halb und halb errathen hat) kann sich nicht von Anfang an in der Komödie befunden haben. Einmal fehlt sie in der Quarto von 1602, eine Lücke, die freilich in jedem andern Falle gar nichts besagen würde, im gegenwärtigen aber fast beweiskräftig ist, weil eine Stelle von so nationalem Klange Nachschreiber, Verleger und Publicum viel zu lebhaft berühren mußte, als daß sie bei Veranstaltung der Ausgabe hätte weggelassen werden können, wofern sie nämlich damals in dem Stücke vorhanden war.

Sodann brachte erst das nächste Jahr die Veranlassung, in deren Folge sie sichtbarlich eingefügt wurde. Elisabeth starb am 24. März 1603. Schon im April kam von Edinburgh ein Befehl, der den gefangenen Southampton

---

lung auf den irischen „Sieg" wird freilich nicht viel mehr als einmal gesprochen worden sein; um so merkwürdiger daher ihre Erhaltung in der Ausgabe von 1623.

aus dem Tower befreite und nach York zum Empfange
des neuen Königs rief. Am 7. Mai zog er mit Jacob in
London ein, wo er sofort unter dem kleinen und großen
Siegel wiedereingesetzt wurde. Zehn Tage nachher erfolgte
das Patent, das die bisherige Kammerherrntruppe zur
Königstruppe erhob. Noch vor der Krönung ergänzte der
König auf einem glänzenden Feste zu Windsor das Capitel
des Hosenbandordens, das unter Elisabeth zusammenge=
schmolzen war, und Shakspeare hatte die Freude, seinen
unveränderten Beschützer, hergestellt und erhöht in Ehren
und Würden, unter den neuen Ordensrittern zu erblicken.

Von allen Ordensfesten, die er bisher erlebt hatte, be=
rührte keines den Dichter so innig wie das diesjährige.
Es scheint ohnehin, daß Elisabeth den Orden, wenn sie
ihm auch seine volle Geltung zugestand, nicht so tief im
Herzen getragen habe, daß sich Shakspeare hätte veranlaßt
sehen können, ihrer Gesinnung für denselben den Schmuck
seiner Rede zu leihen. Der Ordenstag, dessen Zeuge
Breuning war, wurde nicht in Windsor, sondern in London
gefeiert, was immerhin eine gewisse Gleichgültigkeit gegen
den strengen Ritus verräth. Mochte sich vielleicht die jung=
fräuliche Königin als Hosenbandordenshaupt etwas unbe=
haglich fühlen*)? Jetzt war dies anders geworden; denn
an der Spitze des Ordens stand nun wieder ein männ=
licher Oberer, ja noch ein zweiter, der Prinz von Wales.
Der Glanz der neuen Regierung aber galt nicht allein bei
Southampton und Shakspeare, sondern bei der Nation selbst

---

*) Im Jahr 1600 wurde das Jahresfest wegen eines französi=
schen Besuches »with more than wonted care« begangen, aber
neue Ritter wurden damals nicht gemacht. (Sidney Letters and
Memorials of St. II, 190.)

eine kurze, freilich sehr kurze Zeit für Gold, und das
Windsorer Fest von 1603 überglänzte alle vorhergegan=
genen. Dazu kam, daß nicht bloß die Sitte der Zeit, son=
dern eine wirkliche Verpflichtung den Dichter aufforderte,
dem König ein schmeichelhaftes Wort zu sagen*). Er ver=
wob es in die dem fünften Act der Lustigen Weiber ein=
gefügte Verherrlichung des Ordensfestes, indem er den
Orden sammt Haupt und neuen Gestirnen, unter welchen
sein eigener hoher Stern leuchtete, in Einer Constellation
zu feiern mußte, und zwar mit einer eigenthümlich leisen
feinen Wendung, die sowohl ihn als den Grafen ziert**).

Diese letztere Einschaltung nimmt sich obendrein, und
hierin ist sie glücklicher als die andere, so ungenietet und
ungezwungen aus, daß man das Stück, worin sie steht,
mit weit mehr scheinbarem Recht (was nur freilich schon
der Druck von 1602 verbietet) ins Jahr 1603 setzen würde
als Heinrich V. ins Jahr 1599. Beide Einschaltungen
aber zeigen, daß Shakspeare sich veranlaßt finden konnte,
nicht nur, wie er bei Entwerfung der Lustigen Weiber that,
ein frisch aufgegriffenes Tagesereigniß in seinen Plan zu
verweben, sondern auch bei Wiederaufführung eines früheren

---

*) Ein zweites steht bekanntlich im Macbeth.

**) Die Worte, in welchen Southampton leise mitgenannt ist,
lauten:

Each fair instalment, coat and several crest,
With loyal blazon, ever more be blest.

      Der neuen Ritter Waffenrock, Cimier
      Und adlig Wappen blühe für und für. (Moriz Rapp.)

Durch das Beiwort loyal ist die Wiedereinsetzung des in Folge
seiner Hingebung an Essex wegen Hochverraths verurtheilten Grafen
durchsichtig angedeutet.

Stückes auf eine neuere Begebenheit Bezug zu nehmen und eine Anspielung auf dieselbe einzulegen. Diese Art zu verfahren ist auch so der Natur der Sache gemäß, daß es stets mißlich bleiben wird, bei Dramen, die nicht erweislich in erster Gestalt vorliegen, aus vereinzelten, ohne alle Gefahr für Zusammenhang oder Vollständigkeit des Stückes ausscheidbaren Stellen auf die Zeit der Abfassung desselben zu schließen.

Wir haben nunmehr gesehen, einmal daß die Lustigen Weiber 1595 geschrieben sind, sodann daß das Schweigen von Meres gegen diese Datirung nichts beweist, ferner daß auch die Datirung des Heinrich V. aus dem gleichen Grunde für die Vorjahre vor 1598 nicht verwehrt, und endlich, daß sie eben so wenig an das Jahr 1599 gebunden ist. Die bisherige Chronologie dieser beiden Stücke, die auf unzureichenden Grundlagen beruht, muß fallen, sobald die wahren Data zum Vorschein kommen. Das eine ist bereits gefunden, dem andern gehen wir entgegen, und werden im gleichen Verfolge für das Vorhandensein der Lustigen Weiber und ihres Vorläufers vor 1598 noch weitere Bestätigung finden. Vorderhand aber dürfen wir uns begnügen, die nächsten Hindernisse weggeräumt zu haben, können den unterbrochenen Gang auf dem alten Wege fortsetzen und allmählich jener Dramengruppe näher rücken, die mit den Lustigen Weibern von gewisser Seite zusammenhängt.

Am 22. December 1593 schloß Richard Burbage, der Hauptunternehmer der unter dem Lord Kammerherrn stehenden Schauspielergesellschaft, welcher Shakspeare angehörte, mit einem Zimmermeister einen Vertrag, der, obwohl nicht mehr vorhanden, unbedenklich als der Vertrag über den

Bau des Globustheaters angesehen werden darf*). Daß
dieser Holzbau im Laufe des Jahres 1594 fertig wurde,
versteht sich von selbst. Der Globus, als Sommertheater,
muß somit ohne alle Frage im Frühling 1595 eröffnet
und die gute Jahreszeit hindurch benützt worden sein. Aber
auch in Blackfriars, dem kleineren Wintertheater der Gesellschaft, waren Reparaturen nöthig geworden, die im Frühling 1596 vorgenommen werden konnten**). Die Truppe

---

*) Man hat nämlich nur noch die Verschreibung, durch die
sich Burbage nach damaligem Rechtsbrauche zur Haltung des gleichzeitig abgeschlossenen Vertrages verpflichtete. Aber am 8. Januar
1600 schloßen die Unternehmer des Fortunatheaters, Henslowe
und Alleyn, mit dem gleichen Zimmermeister den noch erhaltenen
Bauvertrag, worin ausbedungen ist, daß dieses Theater zum Theil
nach dem Muster des letzt auf der Bankseite errichteten Schauspiel-
hauses (»the late-erected playhouse on the Bank«) erbaut
werden solle. Nun ist der Globus bekanntermaßen unter den vor
der Fortuna gebauten Theatern London's das jüngste: ein Londner
Stadtplan von 1593 hat ihn noch nicht, wogegen er auf einem
Plane von 1599 angegeben ist. Alle diese Data sind zuverlässig;
sie stehen in Malone's Inquiry etc. (in dem Buche über die Ire-
landfälschungen), S. 86 f.

**) Zwei auf diese Angelegenheit bezügliche Documente, die Be-
schwerde einer Anzahl Einwohner des Freibezirks Blackfriars über
die beabsichtigte Reparatur und Erweiterung dieses Theaters und
die Gegenpetition der Schauspieler, sind als Angehörige der weit-
läufigen Familie der Perkinsfälschungen (kurz zu reden) entlarvt.
Wer der Urheber dieser Fälschungen ist, das beschäftigt uns hier nicht
weiter: der Herausgeber derselben ist Mr. John Payne Collier.
Das dritte Document ist der im Dulwich College aufbewahrte Zettel,
auf welchem Veale, ein Untergebener des mit der Theaterpolizei be-
auftragten Master of the Revels, am 3. Mai 1596 den Unternehmer Henslowe benachrichtigt, sein Herr habe vom Geheimenrathe
Befehl erhalten, in Blackfriars die Reparatur zu gestatten, aber

mußte also nicht bloß während des Jahres 1594, sondern
noch in der zuletzt genannten Zeit sich eines andern Hauses
bedienen, und diesem Umstande verdanken wir es, daß aus
ihrer langen, reichen Geschichte ein paar spärliche Blätter,
von fremder und ungeschickter Hand aufgezeichnet, übrig geblieben sind.

Die Kammerherrngesellschaft fand nämlich das gewünschte
Unterkommen, vielleicht neben andern kleineren Bühnen, in

---

nicht die Erweiterung. Henslowe stand damals, wie sich sofort des
Näheren ergeben wird, in Geschäftsverbindung mit der Kammerherrntruppe, die somit an den zu einer Auskundschaftung dieser Art
sehr geeigneten Mann eine Ansprache hatte. Leider ist der Zettel
ebenfalls von Mr. Collier edirt, und so weit wäre er keine Bohne
werth; allein die Stimmführer und berufenen Richter in der schwe-
benden oder vielmehr abgethanen „Shakspearecontroverse“, Mr. Ha-
milton, Mr. Hardy, Dr. Ingleby (dieser in seiner so umfassenden
Feststellung der gesammten Frage) zweifeln die Echtheit des Schreibens von Veale an Henslowe auch nicht mit einer Silbe an. Dasselbe scheint vielmehr dem Fälscher den Grundstock des thatsächlichen
Materials dargeboten zu haben, aus welchem er die beiden genannten Documente schmiedete. Malone freilich folgert (S. 214 f.) aus
dem Patent, das Jacob 1603 der Shakspearetruppe ertheilte und
worin nur der Globe als ihr Schauspielhaus genannt ist, daß sie
das Blackfriarstheater damals und vorher nicht besessen habe. Dasselbe war ja aber von Burbage Vater erbaut, und wo anders sollte
also die Truppe gespielt haben, ehe sie den Globus besaß? Die
Auslassung kann wohl nur den Sinn haben, daß das Patent sich
mit Nennung ihres Haupttheaters begnügen wollte. Indessen mag
es mit dieser Frage und mit Veale's Zettel stehen wie es will, die
Hauptsache ist, daß die Gesellschaft genöthigt war, vom Sommer
1594 bis zum Sommer 1596 theilweise auswärts zu spielen, und
daß sie in Folge dieser Nöthigung ein Verhältniß einging, dessen
Hinterlassenschaft zweifellose Aufschlüsse gewährt.

einem Vorstadttheater zu Newington Butts, das der Pfand=
verleiher, Thiergartenpächter und Theaterunternehmer Philipp
Henslowe zu vermiethen hatte. Sie mußte sich jedoch mit
der Truppe des Lord Admirals in die Benützung des Hau=
ses theilen. Daß diese beiden rivalisirenden Hauptgesell=
schaften gemeinschaftliche Sache gemacht hätten, ist kaum zu
denken: ohne Zweifel behalfen sie sich neben einander und
wechselten in selbständigen Vorstellungen mit einander ab.
Die Miethe des Unternehmers bestand in einem Antheil
an dem jeweiligen Ertrage derselben, und diesen buchte er
sorgfältig in jenes Diarium, das unter anderem durch die
Autographen sämmtlicher geldbedürftiger Dramatiker jener
Tage ein Schatz für den Liebhaber geworden ist*).

Allein den alten Geschäftsmann bekümmerte bloß das
Geld, von welchem sein Schwiegersohn Alleyn später so
edeln Gebrauch gemacht hat, und der Werth der aufgeführten
Stücke bestand ihm lediglich in ihrer Ertragsfähigkeit. Er
hat daher nur das Datum und den Titel der Stücke nebst
seinem Antheil an der Einnahme und dem Vermerk der
erstmaligen Aufführungen, für welche die Eintrittspreise
erhöht wurden, zu verzeichnen gewürdigt; aber den Titeln
ist weder der Name des Dichters noch auch nur die An=
gabe derjenigen der beiden Gesellschaften, die das betreffende
Stück gespielt hatte, beigefügt. Wir sind somit großentheils

---

*) The diary of Philip Henslowe, ed. by J. P. Collier,
p. 35—75. Das Original wird in Dulwich College, der Stiftung
Edward Alleyn's, aufbewahrt. An der Echtheit der oben nach und
nach aus demselben zur Sprache kommenden Notizen ist nicht zu
zweifeln. In diesem geschlossenen Bande verbot sich jede Fälschung
von selbst: sie würde sich sofort durch den Abstand der Schrift ver=
rathen haben.

auf's Rathen angewiesen. Doch finden sich für unsern Zweck vornehmlich zwei Ergebnisse, bei welchen man völlig sicher geht. Das eine betrifft die Dauer des Vertrages zwischen der Shakspearetruppe und Henslowe: dieses Verhältniß währte vom 3. Juni 1594 bis zum 18. Juli 1596, wodurch das vorhin über den Bau des Globus und die Reparaturen in Blackfriars Gesagte nicht wenig bestätigt wird Zu dem zweiten Ergebniß, und dies ist eine felsenfeste Datirung Heinrich's V. im Verein mit seiner Gruppe, welcher auch die Lustigen Weiber von Windsor angehören, zu diesem Ergebniß gelangen wir in kurzer Frist, nachdem wir nur erst eine Weile in Henslowe's Rechnungsbuch geblättert haben.

Das Newingtontheater, auf welchem die beiden Gesellschaften spielten, wurde „In the name of God Amen" am 3. Juni 1594 mit dem biblischen Stücke „Heaster and asheweros" eröffnet, und gleich den zweiten Tag hernach steht in dem Buche ein Drama „andronicous". Ein „tittus and ondronicus" aber war laut Henslowe auch schon am 23. Januar desselben Jahres von einer andern an ihn gebundenen Gesellschaft, der Truppe des Grafen von Susser, auf nicht genanntem Theater gegeben worden, und diese Aufzeichnung steht in merkwürdigem Einklang mit der Versicherung der Quartausgabe des Titus Andronicus von 1600, daß diese Tragödie zu verschiedenen Malen von vier Gesellschaften, sowohl von den Dienern der Grafen Pembroke, Derby und Susser als von der Kammerherrntruppe, gespielt worden sei. Eine auffallende Erscheinung, die wohl erwogen zu werden verdient, hier aber, wo wir ohnehin noch ein wenig zu blättern haben, uns allzu weit von dem vorgeschriebenen Pfade abführen würde.

Am 9. Juni wurde in Newington ein Hamlet gegeben, der nicht als neu bezeichnet ist. Daß Shakspeare's Hamlet erster Hand vor 1602 und höchst wahrscheinlich auch schon vor 1598 gespielt wurde, ist bereits dargethan. Nun hat die Admiralstruppe in der Zeit, da sie allein auftrat, vom 14. bis 16. Mai 1594 und wieder vom 27. October 1596 bis 28. Juli 1597, keinen Hamlet aufzuweisen. Ist sonach das Stück eher der Kammerherrntruppe zuzuschreiben, so könnte es Shakspeare's ersthändiger Hamlet sein. Nur ist alsdann die Frage, ob diese Truppe das Stück schon früher einmal nach Newington gebracht hatte, oder ob es schon so alt war, daß sie es auch in der Vorstadt nicht mehr als neu auftischen konnte. Es wurde übrigens nicht mehr als Einmal aufgeführt.

Am 11. folgte „the tamynge of a shrowe". Wenn eine Aufzeichnung von so ungebildeter Hand etwas bewiese, so wäre das ältere Stück dieses Namens gemeint, das den unbestimmten Artikel hat; denn Shakspeare, als er dasselbe überarbeitet wieder auf die Bühne brachte, betitelte seine Erneuerung „The Taming of the shrew". Die ältere Shrew gehörte jedoch der Pembroketruppe, und es ist daher anscheinend eben diese Shakspeare'sche Bearbeitung, die mit seiner Truppe nach Newington kam. Der Dichter hat das Stück wesentlich verbessert und sogar etwas plot hinzugefügt, doch ist ein guter Theil des früheren Inhalts unverändert geblieben. Eine solche Aneignung kann gewiß nicht ohne die Einwilligung der ursprünglichen Eigenthümer geschehen sein. Diese besaßen ja aber, wie wir so eben gesehen haben, den Shakspeare'schen Andronicus, und so geben uns die beiden gegenseitigen Aneignungen einen Fingerzeig für die Art, wie man sich mit einander abfand, wenn eine Gesellschaft ein Drama brach liegen hatte und eine andere noch etwas damit auszurichten glaubte. Die Shrew vom 11. Juni figurirt übrigens auch nicht als ein neues Stück. Auch ist sie ebenfalls nur dies Eine Mal gegeben worden. Um jedoch aus diesen einmaligen Aufführungen, wenn sie wirklich die Kammerherrntruppe angehen, einen festen Schluß ziehen zu können, müßte man wissen, wie oft diese Truppe überhaupt in Newington aufgetreten ist.

Indessen kann von den drei bisher genannten Stücken nur das erste mit vollerer Begründung unserem Dichter zugeschrieben werden. Sein erster Hamlet und seine Widerspenstige haben kein Datum, das für die in Rede stehende Zeit einen sichern Anhalt böte; sein Anbronicus aber war im Jahr 1594 längst vorhanden, er gehörte der Kammerherrntruppe, und unter den drei andern Gesellschaften, die des Stückes vor 1600 habhaft geworden, ist die Admiralstruppe nicht mit genannt. Ließe sich für die beiden andern Stücke der Beweis auch nur so weit führen wie für dieses, so hätte man ziemlichen Grund zu der Vermuthung, die jedoch ohnehin nahe liegt, daß die Shakspeare'sche Muse, wenn sie auch in Blut und Grausen wühlte oder mit den derbsten Späßen um sich warf, nicht geschaffen gewesen sei, in der Vorstadt ihr Glück zu machen.

Am 25. August wurde eine venetianische Komödie als neu aufgeführt: „the Venesyon comedey" schrieb der alte Haififch. Kurz zuvor hatte er einen „marchant of eamden (Kaufmann von Emden)" ebenfalls als neu gebucht. Der Titel war ihm also geläufig, falls das neue Stück „Kaufmann von Venedig" geheißen hätte. Allein wer wird glauben, daß Shakspeare im Stand gewesen wäre, einen

Titel nachzuahmen oder (falls der seinige älter war) aus Rücksicht auf einen concurrirenden Titel abzuändern? Der letztere Grund befreit ihn von der „venetianischen Komödie", und der erstere dient zum Beweise, daß der Kaufmann von Venedig älter als der von Emden ist.

Vom 30. September an beherrscht auf lange Zeit „Docter fostose" das Newingtoner Theater. Dieser Doctor Faustus — eines der Zeugnisse für den damaligen poetischen Stoffwechsel zwischen Deutschland und England*) — ist die bekannte Tragödie von Marlow, der das Jahr zuvor in einem Liebschaftshandel den Tod gefunden hatte. Das Stück ist nicht als neu bezeichnet, aber sein Ertrag am 30. September kommt dem durchschnittlichen höheren Ertrage eines neuen Schauspiels gleich. Es wird also auf den größeren Henslowe'schen Theatern noch ein frisches Stück und in Newington eine wirkliche Novität gewesen sein, so daß der Unternehmer wahrscheinlich, wie ihm auch sonst hie und da sichtbar widerfahren ist, bloß vergessen hat, sein „ne" beizusetzen. Faustus gehörte, wie Marlow's Tamerlan und Jude von Malta, zum Repertoire der Admiralstruppe, die ihn denn auch nach dem Abgang der Kammerherrntruppe noch zu wiederholten Malen gab.

Am 8. November taucht ein Cäsar und Pompejus („Seser and pompie") auf, wozu sich am 18. Juni des folgenden Jahres ein zweiter Theil („2 pte of Sesore") gesellt. Nichts Shakspeare'sches. Er hatte, scheint es, wenig Lust, seinen Caviar vor die Vorstadtmenge zu bringen.

Während des Sommers 1595 sodann hat die Admirals=

---

*) Das erste deutsche Faustbuch von 1587 war schon 1588 in England übersetzt.

truppe ohne allen Zweifel meist allein spielen können; denn zu dieser Zeit waren natürlich die Vorstellungen des Globustheaters in vollem Gang.

Nun aber, am 28. November 1595, zieht Heinrich der Fünfte („harey the V") als ein neues Drama in die Vorstadt ein, wird bis zum 15. Juli 1596 zwölfmal wiederholt, und ist mit dem drei Tage hernach eintretenden Erlöschen des Vertrages zusammt der Kammerherrntruppe aus Henslowe's Buch verschwunden*).

---

*) Am 18. Juli 1596 schließen Henslowe's Einträge über die Mitbenützung seines Theaters durch die Gesellschaft des Lord Kammerherrn. Diese Einträge bilden, trotz kleiner Unterbrechungen, eine fortlaufende Reihe. Auf den 18. Juli folgt eine größere Lücke bis zum 27. October, an welchem die Admiralstruppe allein wieder auftritt, um eine ununterbrochene, mit seltener Regelmäßigkeit verzeichnete Reihe von Vorstellungen zu geben, die erst am 28. Juli 1597 schließt. Dieses Verzeichniß, so früh nach dem Abgang der Kammerherrntruppe beginnend und so lang fortlaufend, beseitigt jeden Zweifel. Im October 1597 sodann tritt die Admiralstruppe mit der kleineren Pembroketruppe zu einer vereinigten Gesellschaft zusammen (Henslowe S. 91, 103, 104), woraus gefolgert werden könnte, daß dies doch vielleicht auch zwischen den beiden großen Truppen der Fall gewesen sei. Allein selbst in diesem nicht sehr wahrscheinlichen Falle wäre es dennoch außer Frage gesetzt, daß Heinrich V. der Shakspearegesellschaft angehörte. Sie müßte ihn nämlich alsdann in das vereinigte Repertoire eingeworfen und bei ihrem Abgang wieder herausgezogen haben. Denn wenn er, wie es bei der Genossenschaft von 1597 mit andern Stücken geschah, als gemeinsames Eigenthum der beiden Truppen erworben worden wäre, so hätte ihn die zurückbleibende Admiralstruppe nach dem Abgang der andern fortgespielt. Sein Verschwinden ist mithin auf alle Fälle entscheidend. Verbraucht kann er mit dem 15. Juli nicht gewesen sein, denn er war gerade in dieser letzten Zeit binnen fünf

Es kann somit keinen Zweifel erleiden, daß dieses Stück Eigenthum der Kammerherrntruppe war. Auch die des Admirals hatte ihren Heinrich V. Im Jahr 1598 machte Henslowe ein Inventar ihres Theaterapparats und merkte unter den mit „gone and lost" bezeichneten Gegenständen Heinrich's V. Wamms und Sammtrock an; drei Tage nachher hatten sich die Herrlichkeiten wieder vorgefunden oder waren neu angeschafft worden*). Wenn aber die Truppe das Stück schon 1595—96 besaß, so muß sie Anstand genommen haben, sich mit ihm neben dem Heinrich V. der Kammerherrntruppe sehen zu lassen; sonst hätte sie nach der Entfernung derselben dieses Licht gewiß nicht unter den Scheffel gestellt. Und so wird es sich wohl auch verhalten haben; denn das Zusammensuchen der vernachlässigten Garderobe deutet auf die Absicht, einen ä l t e r e n Heinrich V. irgendwie erneuert in Scene zu setzen, nachdem seinem Rival von 1595 die Blüthe der ersten Neuheit abgefallen war.

Was für ein Heinrich V. aber ist dieser Rival gewesen?

Tagen noch zweimal gegeben worden. Seine Aufführungsverhältnisse gleichen den ersten Erfolgen des Faustus, der sich mindestens von 1594 bis 1597 hielt und dann neu zugestutzt wurde. Obendrein mußte sich die Admiralstruppe vom 27. October bis zum 4. December mit lauter a l t e n Stücken behelfen. Sie gab den Faustus in dieser Zeit zweimal, würde also ein j ü n g e r e s Stück, das nach der so raschen Folge einer zwölften und dreizehnten Aufführung noch lange vorzuhalten versprach, nicht ungenützt liegen gelassen haben.

*) Henslowe S. 271, 276. Einen Heinrich V. hat er auch unterm 14. Mai 1592 als von Lord Strange's Truppe aufgeführt bezeichnet; der Eintrag steht aber isolirt zwischen siebzehn Vorstellungen eines unbekannten Heinrich VI., daher kann die Ziffer fast nur ein Schreibfehler sein.

„The famous Victories of Henry V.", Shakspeare's augen=
scheinliche Vorlage, waren bekanntlich schon in den achtziger
Jahren auf der Bühne, und Tarlton, der „princeps co-
moediorum", trat als Clown darin auf. Tarlton (gest. 1588)
war „Schauspieler der Königin", und es ist eine deutliche
Spur vorhanden *), daß er mit derjenigen von den beiden
zeitweilig so genannten Truppen zusammen spielte, die früher
dem Grafen Leicester angehört hatte und später dem Lord
Kammerherrn untergeben war, mit der Burbagetruppe. Wahr=
scheinlich also befand sich diese Truppe im rechtmäßigen Be=
sitze der „Famous Victories", und dies mag, nebenher be=
merkt, ein Licht auf die Rechtsverhältnisse werfen, in welchen
Shakspeare sich bewegte, wenn er ältere Stücke überarbeitete
oder vielmehr zu eigenen Schöpfungen erhob.

Nun ist der Heinrich V. vom 28. November 1595 ein
neues Stück und ist Eigenthum der Truppe, deren Dichter
Shakspeare war, Shakspeare auf der Höhe, die er inmitten
der Zeit zwischen den bekannten Zeugnissen von 1592 und
1598 erstiegen hatte. Schon vor 1592 hatte er seiner
Truppe einen Heinrich VI. geliefert, wahrscheinlich ebenfalls
eine selbständige, zur Originalschöpfung erhobene Umarbeitung
eines älteren Drama's, und 1598 wird er mit zwei Richar=
den, einem Heinrich IV. und einem König Johann als
Meister der Tragödie aufgeführt. Diese letzteren historischen
Stücke müssen, als Meres schrieb, nothwendig auf der
Bühne etwas eingebürgert gewesen sein, was für eine solche

---

*) Der in Dulwich College aufbewahrte Plan zum zweiten
Theil seiner »Seven deadly sins«, worin Richard Burbage als
Mitspieler aufgeführt wird. Vgl. Collier Memoirs of the prin-
cipal Actors in the Plays of Shakespeare, p. 13.

Anzahl von Dramen immerhin eine namhafte Zeit erfordert. Die brei Stücke Richard II. und Heinrich IV. sind, wie aus ihrer Anlage hervorgeht, genau in der historischen Reihenfolge geschrieben und verlangen den Heinrich V. als unmittelbar folgenden Schluß. Wollte man nun dabei beharren, daß dieser Schluß erst nach 1598 oder 1599 hinzugekommen sei, so müßte man annehmen, das gleichnamige neue Stück von 1595 sei von der Truppe einem Andern zur Bearbeitung anvertraut worden als ihrem schon bewährten Historiendichter, der ja obendrein zu dieser Zeit, selbst wenn man die denkbar späteste Datirung aufrecht halten will, mit der auf dieses Stück als Schlußstück angelegten Historiengruppe bereits in vollster Vorbereitung begriffen gewesen wäre. Genug, unser Newingtoner Heinrich kann einen Heimathschein aufzeigen, dem die schärfste Prüfung nichts anhaben wird.

Denn jetzt brauchen wir nur zu unserem Ausgangspunkte zurückzukehren und die gewonnenen Data zusammenzuhalten, dann können wir auf diesen Heimathschein das Siegel drücken.

Die Lustigen Weiber sind, wie wir uns überzeugt haben, im Jahre 1595 verfaßt. Daß aber diese Komödie in der Reihe der Falstaffsstücke — nach Anordnung und Abfassung — das letzte ist, braucht eigentlich kaum bewiesen zu werden.

Die Priorität des ersten derselben, 1 Heinrich IV., versteht sich von selbst. Für die des zweiten, 2 Heinrich IV., an zweiter Stelle, wird es genügen auf Pistol und den Pagen hinzuweisen. Pistol gibt sich in diesem Stücke anfangs etwas unbestimmt, in gewöhnlicher Prosa mit den Andern witzelnd, und entwickelt sich erst im Conflict, als

9*

ob ihm sein Charakter auf einmal inspirirt würde, zum potenzirten Ephesier; doch wirft er noch mit „Humoren" um sich, die er im Heinrich V. und in den Lustigen Weibern ausschließlich an Nym abgeben muß. In diesen beiden letzteren Stücken dagegen geht er von Anfang an auf den gewohnten Stelzen. Der Page sodann, wie konnte er von Falstaff einer Bürgersfrau zu Windsor in so müßiger Weise abgetreten werden, wenn er nicht von jenem zweiten Stücke her dem Dichter zur Hand und dem Publicum als artige Figur empfohlen war?

Daß eben so Heinrich V. an dritter Stelle die Priori=tät vor den Lustigen Weibern hat, dafür braucht man nur auf Nym hinzublicken. Wenn man dessen erstes Auf=treten im Heinrich V. mit dem im vierten Stücke vergleicht, so wird man sich überzeugen, daß er dort als neue Dra=matis persona erst eingeführt wird, hier dagegen seinen „Humor" wie ein altes Inventarstück herkommensrechtlich spielen läßt.

Jedoch das Verhältniß der Komödie zu den drei Hi=storien, als Nachspiel der Falstaffiade, ist noch viel stärker ausgesprochen. Falstaff und Genossen sind in den beiden Heinrichen zeit= und sittenbildliche Figuren von bestimmtem Charakter und in bestimmten Lebensstellungen. In den Lustigen Weibern ist zum Theil, wie bei Falstaff, der Cha=rakter merklich modificirt, zum Theil, wie bei der Quickly, die Lebensstellung völlig geändert. Dabei stehen diese Fi=guren fast alle müßig auf einem Zufallsboden, ohne zu wissen wie sie mit einander dorthin „an den Strand ge=worfen" sind.

Ein Theil der englischen Kritiker hat die ergötzlichsten Anstrengungen gemacht, diese und ähnliche Widersprüche

zu reimen. Für eine pragmatisch solide Kritik muß Falstaff
begreiflicherweise bei lebendigem Leibe in Windsor seßhaft
gewesen sein. Bestünde jedoch auch etwa eine entfernte
Möglichkeit, den Windsorer Falstaff in der Atmosphäre
Heinrich's V., für welchen er doch Alles eher als ein Tölpel
war, auch nur sterben zu lassen, so ist es jedenfalls platter-
bings unmöglich, die Quickly aus dem Dienste bei dem
französischen Doctor wieder auf ihre alte Wirthschaft zu-
rückzuversetzen, damit sie dem abscheidenden Ritter die Augen
zubrücken kann. Aber eine Gruppe Figuren, die sich die
Gunst des Publicums erworben, aus ihren bisherigen Verhältnissen herauszunehmen, ja zum Theil aus dem Grabe
und vom Galgen zu holen, um sie auf einem troß all seiner
Wirklichkeitsbestandtheile halb phantastischen Boden als wohl-
bekannte Masken, frei behandelt und zum Theil chargirt, noch
einmal in Gesellschaft mit einander vorzuführen, das ist
möglich und das hat der Dichter gethan. So, wie sie in
dieser Komödie stehen, konnte er nachher nicht wieder mit
ihnen auf den alten historischen Boden zurückkehren, und
er wollte es auch nicht; denn jetzt hatte er mit ihnen ab-
geschlossen.

Die deutsche Kritik hat dies längst eingesehen, daher
wir uns nicht weiter bei der Frage aufzuhalten brauchen.
Wir kommen ohnehin noch mit ein paar Worten auf den
innern Verlauf der Falstaffsscenen zurück.

Man darf demnach als erwiesen annehmen, daß Heinrich V. den Lustigen Weibern in der Abfassung vorange-
gangen ist. Hiemit stimmen denn auch die beiden Data,
die wir haben, vollkommen überein. Diese Data, zunächst
sofern sie beide in das Jahr 1595 treffen, unterstützen einander auf das glücklichste: denn obgleich jedes von ihnen

für sich allein zu einem vollen Beweise für die Chronologie
f e i n e s Drama's und eines von ihnen sogar für die Chronologie
b e i d e r Dramen ausreichen würde, so dürfte hiemit vielleicht
doch nicht allem und jedem Bedenken gesteuert sein; ver-
einigt aber sind sie stark genug, dem hartnäckigsten Zweifel
die Spitze zu bieten. Da es indessen noch etwas Hart-
näckigeres als den Zweifel gibt, nämlich einen gewissen
Glauben, welchen man den Autoritätsglauben zu nennen
pflegt, so schlagen wir zu guter Letzt noch einmal Henslowe's Vermerkbuch auf, um daraus der bisherigen Chronologie beider Stücke vollends den Leichensermon zu lesen,
— was wohl am passendsten in den untern Regionen geschehen wird*).

---

*) Am 22. December 1598 erhielt Henry Porter von Hens-
lowe einen Vorschuß von fünf Pfund auf »the 2 pte of the 2
angrey women of abengton«; am 12. Februar 1599 kamen
noch zwei Pfund »in fulle payment« hinzu, so daß also das jetzt
fertige Stück mit sieben Pfund bezahlt war; und am 28. Februar
gab ihm Henslowe einen neuen Vorschuß auf ein Stück »called II
mery wemen of abenton«, wobei der arme Schlucker noch versprechen mußte, für Niemand sonst zu schreiben (Henslowe S. 141.
145. 146.) Ein e r s t e r Theil der Zwei bösen Weiber von Abingdon war also schon v o r dem 22. December 1598 vorhanden, und
muß, da er den alten Theaterunternehmer auf eine Fortsetzung und
ein Seitenstück einzugehen lockte, nicht unbeträchtlichen Beifall gefunden haben. Dies ist auch kein Wunder, denn Porter's Böse
Weiber (abgedruckt im 5. Bande der Publicationen der Percy Society) sind eine sehr unterhaltende Komödie, der es obendrein in
einzelnen Partieen weder an Witz noch Geist gebricht, obwohl freilich ein Werk von äußerst roher Conception (in jeder Beziehung),
das nur geeignet ist, dem Genius und den Verdiensten Shakspeare's
als Folie zu dienen. Uebrigens bildet diese Komödie ein abgeschlos-
senes Ganzes, das sich durchaus nicht in „zwei Theile" zerlegen

Nachdem dies verrichtet ist, haben wir denn nur noch
die Summe zu ziehen. Die Lustigen Weiber sind in der

---

läßt, woraus klar erhellt, daß eben das leidige Handwerk durch den
Succeß ermuntert wurde, einen wiederkäuenden zweiten Theil (der
nicht auf uns gekommen ist) herauszuwürgen. Der angebliche erste
Theil aber, d. h. die keines Zusatzes bedürftige Komödie der Bösen
Weiber, bedurfte zur Documentirung des Successes einer Anzahl
von Aufführungen und muß folglich schon einige Zeit vor dem
22. December 1598 vorhanden gewesen sein. Shakspeare würde
also, wenn seine Lustigen Weiber auch noch im gleichen Jahre mit
der Schrift von Meres erschienen wären, einen Lustspieltitel vorge=
funden haben, an welchem er eine Art von Plagiat beging. Wäre
diese seine Komödie gar erst in oder nach dem Jahr 1599, dem ver=
meintlichen Datum ihres Vorgängers Heinrich V., geschrieben, so
hätte er einem untergeordneten Poeten, der sich selbst schon plagiirt
hatte, den Titel mit Haut und Haar abgeborgt. Dann traf er
Zwei lustige Weiber von Abingdon an, nahm die Lustigen Weiber
mit und machte nur aus Abingdon Windsor, um doch noch ein
ganz klein wenig Original zu bleiben. Natürlich ist weder das
Eine noch das Andere geschehen, sondern die Sache ging umgekehrt
vor sich, und die Titel der Weiber von Abingdon sind das
Werk der Industrie. Diese, ihre gewohnte Art auch hierin nicht
verleugnend, fand die beiden Merry wives of Windsor auf ihrem
Wege, machte gelegentlich aus dem Titel Capital für die Two
angry women mit verändertem Ortsnamen, münzte dann diesen
Titel wieder um und kam so auf einem anständigen Umwege zu
den ursprünglichen Lustigen Weibern zurück. Noch directer ist die
Entlehnung im Lustigen Teufel von Edmonton, wo aus dem spaßhaften
Hosenbandwirth einfach ein »merry Host of the George« ge=
worden ist (dem auch der Schildwechsel, beiläufig bemerkt, durch
den von Shakspeare in anderer Weise vorgenommenen Schild=
wechsel eingegeben sein dürfte). — Wie aber — so kann der
Autoritätsglaube in seinen letzten Zügen fragen — wenn Shak=
speare mit den Lustigen Weibern just während die Schrift von

zweiten Hälfte 1595 geschrieben, also ungefähr um die Wende von 1595—96 zur Aufführung gelangt, und kurz zuvor, im November 1595, hat ein Heinrich V. als „neu" die Newingtoner Bühne betreten. Dieser Heinrich ist Eigenthum der Shakspearetruppe, er fällt in die vollste Blüthezeit des Dichters, zumal in die Hauptzeit seiner englischen Historien, ist das vorletzte in der Reihe der Falstaffsstücke, deren letztes bereits ein unerschütterliches Datum hat, und muß auch noch zu allem Ueberflusse mit diesem zusammen vor 1599, vor 1598 geschrieben sein, wenn nicht der erste Dichter seiner und vieler Zeiten den Titel eines Drama's mehr oder weniger bettelhaft entlehnt haben soll, wird also zugleich durch diesen Nebenbeweis vollends von dem ihm bisher angewiesenen Datum gerade so weit zurückgeschoben,

---

Meres unter der Presse war und zugleich eben noch einen Augenblick vor Porter's erstem Theile der Zwei bösen Weiber aufgetreten wäre? Wohlan, und mögen Sonne und Mond dazu stille stehen, um den Augenblick recht lang zu machen, so ist Meres schon durch Heinrich V. so weit aus dem Felde geschlagen, daß er auch den Lustigen Weibern nicht mehr im Wege steht: denn selbst wenn diese für ihn noch nicht existirt hätten, so muß dann ja doch jener vor dem Drucke seiner Schrift jedenfalls vorhanden gewesen sein. Sobald aber einmal erwiesen ist, daß er den Heinrich V. gekannt haben muß, so hat auch sein Schweigen über die Lustigen Weiber den letzten Rest chronologischer Kraft verloren; und da hiemit die einzige Beziehung, welche die beiden Dramen bisher zum Jahre 1598 hatten, schwindet, da ferner für Heinrich V. nach dem unmöglichen Jahre 1598 das Jahr 1599 auch nicht mehr möglich oder vielmehr noch unmöglicher ist, so kann nunmehr in letzter Instanz diesen beiden Jahreszahlen jeder Anspruch auf die beiden Dramen endgültig aberkannt werden, und das Jahr 1595 tritt ohne fernere Anfechtung in den Besitz der Rechte, die ihm bereits aus guten Gründen zugesprochen sind.

daß er dem neu gewonnenen Datum ganz bequem die
Hände reicht. Der Heinrich, der am 28. November 1595
in Newington gegeben wurde, kann kein anderer als Shak=
speare's Heinrich V. sein.

Er war damals neu, in Newington nämlich. Nie=
mand wird glauben, daß ein Stück wie dieses von der Ge=
sellschaft, die im Sommer 1595 den Globus zur Verfügung
hatte, zuerst in die Vorstadt gebracht worden sei. Dreizehn=
mal in rascher Folge wurde er dort aufgeführt, aber ohne
die andern Stücke, die er doch nothwendig voraussetzt. In
diesen und einigen andern Thatsachen, die untersucht sein
wollen, verbirgt sich etwas von der Erstlingsgeschichte der
genannten Dramen, was man aus verwischten Zügen halb
und vielleicht mehr als halb herauslesen kann.

Die drei Stücke Heinrich IV. und Heinrich V. hängen
innerlich so zusammen, daß sie gewissermaßen eben so viele
Acte eines großen dramatischen Geschichtsgemäldes bilden.
Wenn sie als solche, wie nicht anders anzunehmen, in mög=
lichst kurzen Pausen nach einander über die Bretter ge=
gangen sind, so ist das der riesigen Productionskraft des
Dichters und zugleich dem wohl zu bedenkenden Erforder=
nisse seines Theaters durchaus gemäß. Mit Richard II. zu=
sammen geben sie eine historisch=tragische, so wie anderer=
seits mit den Lustigen Weibern zusammen eine komische
Tetralogie; doch ist die Tragödie Richard II. nicht so fest
an die andern Stücke gefügt, daß sie nicht bei einer
Gesammtaufführung nach Belieben vorausgeschickt oder (zu=
mal wenn durch die Censur verstümmelt) weggelassen wer=
den könnte.

Wenn nun Heinrich V. im Herbst 1595, und zwar mit

großem Erfolge, auf das Newingtontheater kam, so ist er
offenbar vorher den Sommer hindurch mit den beiden an=
bern Dramen, zu welchen er gehört, im Globus gegeben
worden. Die Aufführungen in der Vorstadt können nur
Folge und Nachklang der großen Sommerspiele gewesen sein.
Denn im Frühling, ungefähr zu der Zeit, da unser Breuning
in seiner italienischen Rede stecken blieb, muß die Eröffnung
des neuen Theaters stattgefunden haben.

Hier drängt sich nun ein Schluß auf, der zwar auf
keinem Documente, aber dennoch auf nicht ganz schwachem
Grunde ruht und darum wohl auch nicht allzu kühn sein
möchte. Seine Hauptstütze ist das Vertrauen, das wir zu
der Leitung hegen dürfen, unter welcher Shakspeare's Truppe
stand. Diese Leitung müßte sehr schlecht gewesen sein, wenn
es ihr entgangen wäre, welches dramatische Werk — falls
es nämlich vorhanden war — zur Eröffnung des neuen
Theaters am besten paßte. Mit einem nationalgeschichtlichen
Drama, mit Schiller's Wallenstein, ist in dem kosmopoli=
tischen Deutschland von 1798 das neue Weimarer Theater
eröffnet worden: und im England der Elisabeth sollte unter
ähnlichen Umständen weniger geschehen sein? Von allen
Historien aber, welche die dramatische Muse jenes Englands
hervorgebracht hat, eignete sich keine besser zu einem solchen
Zwecke, als die Trilogie, deren Hauptfigur von Anfang bis
zu Ende der Nationalheld Heinrich V. ist, zumal mit einem
Anfang wie das erste der drei Stücke, das den Helden in
seiner lustigen und doch schon so heroischen Jugend vorführt.

Betrachtet man nun diesen ersten Theil von Heinrich IV.
unter dem gewonnenen Gesichtspunkte näher, so wird man
mehr als je gewahr werden, daß er Allen Alles bieten will,
Diesem das Heroisch=Nationale, Jenem ein Lustspielelement,

wie es in keinem der andern historischen Stücke, überhaupt
in keinem andern Drama, so hinreißend übermüthig wiederkehrt. Das Stück erscheint zur Eröffnung des neuen Theaters wie geschaffen, und so dürfen wir, gründlichere Ueberzeugung vorbehalten, vorerst der Wahrscheinlichkeit Raum
geben, daß es wirklich zu dem genannten Zwecke geschaffen
worden ist, als ein Programm dessen „Was wir bringen".

Aber ach, nicht nur Bücher, auch Programme können
ihre Schicksale haben, und „des Lebens ungemischte Freude
ward keinem Irdischen zu Theil". Die Sage murmelt,
die erste Aufführung von 1 Heinrich IV. sei nicht ganz
glatt und eben abgelaufen; aber nicht die Sage allein, der
Dichter selbst sagt es mit ziemlich dürren Worten.

Bekanntlich steht hinter Falstaff die mißhandelte Gestalt
des einer edleren Darstellung würdigen Sir John Oldcastle,
Lord Cobham, der unter der Regierung Heinrich's V. 1417
den grausamsten Tod des Ketzers starb. Dieser Märtyrer
lebte in der anfangs fanatischen und später gedankenlosen
Tradition als Zerrbild fort und war als solches — ein
dicker Taugenichts, äußerlich ganz Falstaff, nur höchst geist-
los ausgestattet — schon in den Famous Victories auf die
Bühne gebracht worden. Der junge Dichter, in so ernster
Sache etwas gar zu tendenzlos, griff den Charakter sammt
dem hergebrachten Namen auf und lieh ihm jenen welt-
bezwingenden Humor, der den Zuschauer oder Leser selbst
zu seinem Mitschuldigen macht und in Versuchung führt,
nicht bloß die Gesetze Englands, sondern weit fundamen-
talere für einen Augenblick an den Nagel zu hängen.

Aber in der öffentlichen Meinung war mittlerweile ein
Umschwung eingetreten, und das protestantische Bewußtsein

hatte sich in der Vergangenheit so weit zurecht gefunden, daß es dem Namen Oldcastle gegenüber, zumal vor einer Bühne, die sich an die Spitze der Bildung gestellt hatte, keinen Spaß mehr verstand. Nach der Sage hat die Königin aus Rücksicht für die Familie Cobham, die also remonstrirt haben müßte*), eine Aenderung des Namens anbefohlen. Dies mag, obwohl es nicht gerade ganz unwahrscheinlich ist, dahingestellt bleiben. Allein denke man sich vor einem Publicum von heute, das nicht einmal confessionelle Parteifarbe, sondern nur Sinn für geschichtliche Wahrheit zu haben braucht, eine Gestalt wie Johann Hus als Falstaff auf dem Theater herumgezogen: ein Sturm des Unwillens würde die Folge sein. Das Publicum des Globus mag sich einer derberen Organisation erfreut haben, doch ist es nichts desto weniger gewiß, daß nicht alle Zuschauer ungetheilt am Oldcastle Gefallen fanden. Die Figur — so wird man sich den Hergang denken müssen —

---

*) Oldcastle war durch Heirath zur Peerage gekommen, die nach seinem Tode an ein anderes Haus überging. Er war somit kein Ahnherr dieses Hauses, doch immerhin Verwandter, Vorgänger in der Würde und, die Hauptsache für einen stolzen Peer, Träger des gleichen Namens. Der Lord Cobham von 1595, von welchem der Protest ausgegangen sein müßte, kommt in Breuning's Gesandtschaftsberichte vor. „Der mylord Cobhan" (so nennt ihn dieser) „sobalt ehr ankhommen, hab ich mich bey ihme anzeygen lassen; hatt aber begehrt, ich wollte nit zu ihme khommen, oß sondern ihme bewusten uhrsachen, wölle aber ein wegh alß den anderen nit onberlassen, sich dieser sachen mit allem vleyß vnnd ernst wegen E. F. G. zu onderfangen." Dieser Hosenbandordensritter scheint also etwas geradsinniger gewesen zu sein als die andern Großen. Der alte Herr starb im folgenden Jahre und hinterließ jenen Sohn, der durch den Hochverrathsprozeß unter König Jacob bekannter geworden ist.

hatte eine unwiderstehliche Wirkung, aber ein Theil des
Publicums, und nicht der schlechteste, war über den Namen
verstimmt*). Und zwar muß sich die Verstimmung, wäh=
rend des Spieles selbst, in einer nicht zu verkennenden
Form geäußert haben; denn als die Vorstellung zu Ende
war, fand es die Theaterleitung für gut, einen beliebten
Schauspieler und Tänzer hinaus zu schicken, der, gleichsam
aus eigenem Antriebe, den Besänftiger machen mußte. Es
war derselbe, der nachher den erhaltenen Epilog zum zwei=
ten Stücke sprach.

Eben dieser Epilog ist es, der uns die Geschichte der
ersten Aufführung erzählt. „Neulich, wie ihr recht wohl
wißt", sagt der Sprecher, „stand ich hier am Schlusse eines
Stückes, das mißfallen hatte (in the end of a displeasing
play), um eure Nachsicht dafür zu erbitten und euch ein
besseres zu versprechen. Mit dem gegenwärtigen habe ich
jene Schuld abzuzahlen versucht, und hoffe, ihr werdet mir
verziehen haben. Wenn ihr nicht zu sehr mit fetter Kost
überladen seid, so wird unser ergebener Autor die Geschichte
fortsetzen, mit Sir John darin, und euch mit der schönen
Katharine von Frankreich ergötzen, wo dann, so viel ich
weiß, Falstaff an einem Schweiße sterben wird, wenn er
nicht schon durch euer hartes Urtheil umgebracht ist; denn
Oldcastle starb als Märtyrer, und dies ist nicht der Mann."

Der Gewandtheit dieser Entschuldigung und Abbitte
wird die heutige Diplomatie, die oft so lang um einen
armseligen casus belli verlegen ist, ihre Würdigung nicht
versagen, sobald sie ihr nur die Gerechtigkeit angedeihen

---

*) Von den Puritanern kann bei der Aufführung kein Wider=
spruch laut geworden sein, denn diese gingen nicht in das Theater.

läßt, den Epilog halb so genau durchzusehen, als sie mit
ihren gegenseitigen Noten zu verfahren pflegt. So glücklich
nämlich der Dichter hier zu nebeln und zu schwebeln ver=
stand, was er in einer etwas unangenehmen Sache, die
seinem Publicum ohnehin deutlich war, sich wohl erlauben
durfte, so kann doch der Sinn der Rede auch jetzt noch
einer sorgfältigen Prüfung kein Geheimniß bleiben.

Neulich hat hier ein Drama mißfallen, das heutige
war der zweite Theil von Heinrich IV., und mit Hein=
rich V., dem Eroberer Katharinens von Frankreich (auf die
sich der Dichter im voraus etwas zu Gute thut), wird dem=
nächst die Geschichte fortgesetzt: schon diese Folge des
Zusammenhangs würde genügen, um darzuthun, daß der
ganze Epilog nach rückwärts wie nach vorwärts von Einer
und derselben Angelegenheit handelt, von der successiven
Aufführung unserer Trilogie. Doch weiter. Das neuliche
Drama hat mißfallen, weil die Figur Falstaff's darin
Anstoß gab: so ist der Anfang und der Schluß des Be=
kenntnisses zu combiniren, wenn nicht der kurze Epilog
confus und täppisch von zwei mißfälligen Stücken reden
soll, ohne sie aus einander zu halten. Heute hat Falstaff
nicht mehr mißfallen, denn der Sprecher steht mit dem
Publicum nicht bloß auf dem Friedensfuße, sondern ver=
spricht ihm obendrein den Falstaff noch einmal für das
nächste Stück. Und dieser Lockvogel hat gleichwohl neulich
aus einem gewissen Grunde angestoßen, denn — Oldcastle
ist ein Märtyrer, und es war daher freilich nicht wohl=
gethan, ihn in dieser Figur vorzuführen. Jetzt aber heißt
Sir John ein für allemal Falstaff, und Falstaff ist nicht
Oldcastle. — Demgemäß wird er auch im Stücke selbst (wo
er erstmals unter seinem neuen Namen auftrat) bei einer

sehr geschickt gewählten Gelegenheit mittelst Anrufs als „Sir John Falstaff!" eingeführt *). Der Theaterzettel hat wahrscheinlich ebenfalls das Seinige gethan, und durch den Epilog ist die Wandlung vollends besiegelt.

Es steht somit fest, daß bei der ersten Vorstellung von 1 Heinrich IV. Falstaff als Oldcastle das protestantische Gefühl beleidigt hat. Wenn man nun auch bezweifeln wollte, daß ihn der Dichter selbst so genannt habe, so ist es doch zunächst jedenfalls zweifellos, daß er vom Publicum dafür genommen wurde. Dies ergibt sich aus seinem zähen Fortleben als Oldcastle bei einem Theile dieses Publicums. Das Drama von Munday=Drayton=Wilson=Hathway, das der umgeschlagenen Meinung über den Märtyrer Ausbruck gab, „The true and honorable History of the Life of Sir John Oldcastle, the good Lord Cobham", kam 1599 auf das Theater und 1600 in den Druck, und dennoch nannte man um diese Zeit, dazu obendrein unter den Hofleuten selbst, den Falstaff immer noch bei seinem alten verpönten Namen **). Sodann ist noch in einem

---

*) Daß er sich dabei taub stellt und nicht auf den (neuen) Ruf gehen will, muß für diejenigen, die ihn als vormaligen Oldcastle kannten, eine höchst possierliche Wirkung gehabt haben

**) Dies erzählt eine bisher übersehene Stelle in den Sidney Papers, II, 175. Dort berichtet Rowland Whyte vom 8. März 1600 an Sir Robert Sidney von den Festlichkeiten, die beim Friedensunterhändler aus den spanischen Niederlanden, Ritter Verreyden, gegeben wurden. Alle Lords in der Stadt; täglich Bankette und Schauspiele; am Mittwoch ein königliches Mahl beim Lord Großschatzmeister, und am Donnerstag ein delicates Diner beim Lord Kammerherrn, der nach Tische seine Schauspieler beruft, um den gefeierten Gast mit dem Oldcastle zu divertiren

1604 erſchienenen Schriftchen vom dicken Oldcaſtle in
der bekannten Eigenſchaft die Rede; ja noch weit ſpäter,
in einem Stücke das wahrſcheinlich um 1611 gegeben,
jedoch erſt 1618 gedruckt wurde, wird auf Falſtaff's welt-
bekannten Katechismus von der Ehre als auf einen Ausſpruch Oldcaſtle's angeſpielt, ganz als ob Shakſpeare's dicker Ritter dieſen Namen ununterbrochen fortge-
führt hätte*).

Allein es iſt mehr als wahrſcheinlich, daß Shakſpeare
ſelbſt den Namen bei der erſten Aufführung beibehalten
hat. Ob das verrätheriſche „Old.“ ſtatt „Fal.“ an einer
Stelle des Raubbrucks von 2 Heinrich IV. (ſ. die Ausgabe von Delius S. 26) von der im Publicum und bei

---

(and there in the After Noone his Plaiers acted, before
Vereicken, Sir John Old Castell, to his great Contentment«).
Es iſt entfernt nicht zu denken, daß dieſer Oldcaſtle das für einen
Katholiken äußerſt anſtößige Drama von 1599 (das überdieß laut
Henslowe der Admiralstruppe zugehörte) geweſen ſei. Der ſpa-
niſche Niederländer, wenn er auch nicht engliſch verſtand, würde
aus der bloßen Pantomime Unrath genug gemerkt haben. Auch
hatte er natürlich Dolmetſcher unter ſeinem Geſandtſchaftsperſonal.
Falſtaff aber mit ſeinem Davonlaufen vor den beiden Steifleinenen
und ſeiner nachherigen Prahlerei war für ihn eine Pantomime, die
ihm auch ohne Verſtändniß der Sprache to his great contentment gereichen konnte. Uebrigens kann die fragliche Komödie eben
ſo gut die von Windſor geweſen ſein; wenigſtens ſind die Luſtigen
Weiber ſpäter an K. Jacob's Hofe unter dem Titel „Sir John
Falſtaff“ aufgeführt worden (vgl. Delius Heinrich VIII., S. II).

*) — — — Did you never see
The play where the fat knight, hight Oldcastle,
Did tell you truly what this honour was?
Nathaniel Field, Amends for Ladies.

dem Nachschreiber eingewurzelten Verwechslung herrührt
oder — wenn auf andere Art gestohlen — aus einem
Uebersehen im Theatermanuscript geflossen ist, muß unent=
schieden gelassen werden. Aber die stehengebliebene eigen=
händige Stelle im ersten Theil (Act 1, Sc. 2): „As the
honey of Hybla, my old lad of the castle", be=
kennt denn doch laut genug, daß nicht bloß dem Publi=
cum, welchem freilich der Epilog die Verwechslung
in die Schuhe zu schieben scheint, sondern dem Dichter
selbst der Name Oldcastle vorgeschwebt hat, so zwar, daß
er kein Bedenken trug, denselben durch ein unzweideutiges
Wortspiel zu vergegenwärtigen. Dieses Wortspiel beruhte
zwar darauf, daß der Ausdruck eine geläufige Bezeichnung
enthielt; jedoch wie man auch diese Bezeichnung ableiten
möge*), an den dicken Ritter gerichtet kann sie jedenfalls
nur eine bewußte und gewollte Anspielung auf den gleich=
lautenden Namen gewesen sein, den Jedermann aus der
Tradition und von den Famous Victories her kannte.
Eben darum bezeugt die Stelle noch mehr. Wenn nämlich
Shakspeare die Figur gleich von Anfang an mit veränder=

---

*) Der Ausdruck »old lad of the castle«, als im Sinn von
„Raufbold" gebräuchlich, scheint unmittelbar von dem traditionell
gewordenen Namen Oldcastle abzustammen; sollte er aber bloß
»lad of the castle« heißen und mit »Castilian« zusammenhän=
gen, so ist ein »old lad of the castle« um so offenbarer auf Old=
castle gemünzt. Im einen wie im andern Fall jedoch kann das Wort=
spiel nicht zufällig sein, und das ist der Hauptpunkt, um den es
sich handelt. — Den zuletzt aufgeführten Belegen hat Mr. J. O.
Halliwell in seiner Abhandlung über Falstaff noch den weiteren
beigefügt, daß Oldcastle in seiner Jugend — was Shallow in
2 Heinrich IV., Act 3, Sc. 2, von Falstaff aussagt — Page bei Tho=
mas Mowbray, Herzog von Norfolk, war.

tem Namen eingeführt hätte, so müßte er den Ausdruck nicht bloß absichtlich angebracht haben, sondern in hämischer Absicht, um zu insinuiren, daß trotz der durch Rücksicht auf Zeitumstände gebotenen Namensänderung der historische Oldcastle gemeint sei — eine Bosheit gegen diesen, die ihm nur etwa ein Jesuitenriecher (in werbendem oder anklagendem Sinne) zutrauen mag. Ganz anders gestaltet sich die Sache, wenn er die Figur zuerst unter dem altgewohnten Namen eingeführt und diesem ein naheliegendes Wortspiel gewidmet hat: dann war die Anspielung so unbefangen wie der Name selbst angebracht, und ihr Stehenbleiben bei der Aenderung des Namens erscheint als ein unschuldiges Uebersehen. Dies ist doch gewiß ein sicheres Merkmal, daß Shakspeare in der That ursprünglich — unbedacht und arglos — für den dicken Taugenichts den Namen des Märtyrers aus seiner Vorlage herübergenommen hat, wie er ja auch die Namen Ned und Gadshill aus ihr entlehnte.

Noch ein weiterer Beweis: Falstaff hat im ersten Stück angestoßen und im zweiten so sehr gefallen, daß er am Schluß desselben dem Publicum für das dritte Stück angekündigt werden konnte. Wenn er nun das erste Mal bloß deshalb mißfallen hätte, weil er Oldcastle schien, so wäre nicht zu begreifen, wie das Publicum sich so rasch mit ihm befreundete; denn der Schein war bei dem zweiten Mal derselbe, und hat, wie wir sahen, auch nachher noch lang genug fortgedauert. Sein Fehler ist somit offenbar der gewesen, daß er Oldcastle hieß.

Hiemit wäre die von Rowe überlieferte Sage, daß Falstaff bei der ersten Aufführung als Oldcastle einen gewissen Anstoß gegeben habe, zu Ehren gebracht; und durch dieses

Ergebniß dürfte vielleicht auch eine und die andere der übrigen Rowe'schen Ueberlieferungen bis zu einem gewissen Grade an Glaubwürdigkeit gewinnen.

Zur Bestätigung des Ergebnisses dient endlich die Art, wie der mißhandelte Name gegen einen andern vertauscht worden ist. Der Dichter war nämlich noch beherrscht von dem Eindrucke, daß es kein Phantasiename, sondern ein g e - s c h i c h t l i c h e r Name von vermeintlich schlechtem Klang gewesen, unter welchem der dicke Kumpan des Prinzen bisher aufgetreten war, und als ihn nun der veränderte Klang zur Aenderung des Namens trieb, wählte er, an jener Eigenschaft fest - klebend, einen a n d e r n geschichtlichen Namen, der ihm zur Hand war und gleichfalls für seinen Bedarf schlecht genug zu klingen schien. Leider machte er dabei ein Unrecht durch ein zweites eben so großes gut und verging sich jetzt am Andenken Sir John F a s t o l f's, eines der tapfersten Krieger unter Heinrich V. und Heinrich VI., an welchem er schon in der Jugendarbeit Heinrich VI. himmelschreiend gesündigt hatte. Freilich hat er auch diesen Mißgriff in gutem Glau - ben begangen; aber für eine ungetrübte Wirkung der Fal - staffsscenen wäre es dennoch wünschenswerth, nicht wissen zu müssen, daß unter der Maske des genialen Ungeziefers seit Jahrhunderten ein ruhmvoller Name besudelt wird *).

---

*) Wie die Wohlgesinnten unter Shakspeare's Zeitgenossen von der scenischen Mißhandlung Oldcastle's und dann Fastolf's dachten, das hat Niemand besser ausgesprochen als Thomas Fuller, der noch zu des Dichters Lebzeiten geboren war und um die Mitte des 17. Jahrhunderts schrieb. Dieser ehrenwerthe Mann sagt von dem Ersteren in seiner Church History of Britain: „Stage-poets have themselves been very bold with, and others very m e r r y at, the memory of Sir John Oldcastle, whom they

So hat denn der Dichter, indem er sich das unsterb=
liche Verdienst erwarb, nationale Typen, die er zum Theil

---

have fancied a boon companion, a jovial royster, and a
coward to boot. The best is, Sir John Falstaff hath relieved
the memory of Sir John Oldcastle, and of late is substituted
buffoon in his place.« In den Worthies of England aber
sagt er von Sir John Fastolf, mit noch directerer Hinweisung auf
Shakspeare: »The stage has been overbold with his memory,
making him a Thrasonical puff and emblem of mock va-
lour ... True it is, Sir John Oldcastle did first bear the
brunt of the one, being made the makesport in all plays
for a coward ... Now as I am glad that Sir John Oldcastle is put out, so I am sorry that Sir John Fastolfe is
put in ... Nor is our comedian excusable by some al-
teration of his name, writing him Sir John Falstafe (and
making him the property and pleasure of King Henry V.
to abuse), seeing the vicinity of sounds intrench on the memory of that worthy knight.« Shakspeare's Vertheidiger gegen
diesen Vorwurf finden die Aehnlichkeit der beiden Namen zufällig.
Das könnte nur dann etwa annehmbar sein, wenn der Dichter
nicht schon anderwärts seine schlechte Meinung von Fastolf an den
Tag gegeben und dadurch hinreichend gezeigt hätte, daß ihm dieser
Charakter gerade recht war, die Stelle des geretteten Oldcastle aus=
zufüllen. Wenn er den Namen absichtlich ein wenig verschoben hat,
so that er es wohl darum, weil Fastolf, der kein sagenhafter Ge=
nosse der Jugendstreiche Heinrich's des V. gewesen und erst nach
dessen Tode bei Patay „davongelaufen" war, nicht in voller Person
eintreten konnte. Uebrigens heißt der Fastolf des ersten Theils von
Heinrich VI. in der Folio durchweg Sir John Falstaffe. —
Der Vorwurf hat mit dem Menschen Shakspeare wenig oder
nichts zu schaffen: denn indem dieser den Ritter wiederholt als
Memme brandmarken zu müssen glaubte, folgte er eben in der Beur=
theilung von dessen Rückzug blindlings seinen Autoritäten Hall und
Holinshed. Und doch bleibt es sein Unglück, daß er keine zuver=

schon in embryonischem Zustande vorfand, auf die höchste Stufe der Kunst zu erheben, gerade mit einer seiner Hauptgestalten im Aufschwingen den Boden gestreift, diesmal aber nicht um gleich jenem andern Riesen Unüberwindlichkeit daraus zu schöpfen. Dennoch darf man in den Worten „a displeasing play" sicherlich nichts weiter als eine schallhafte Uebertreibung erblicken, die auf den wohlwollenden Widerspruch des Publicums berechnet war. Das Stück ist ja zu Ende gespielt worden, sagt uns der Epilog: es kann sonach nicht in allen Theilen und nach allen Seiten mißfallen haben. Auch rückte der Dichter ungehindert mit der Fortsetzung nach und konnte zugleich das dritte Stück als eine willkommene Neuigkeit ankündigen.

Der Ankündigung und der Natur der Sache gemäß müssen die ersten Aufführungen der drei Stücke ziemlich rasch nach einander stattgefunden haben. Das Stück, durch welches der Anstoß von „neulich" gut gemacht werden sollte, durfte nicht lang auf sich warten lassen, und wiederum, wenn dieser zweite Theil den auf ihn gesetzten Hoffnungen entsprochen hatte, so mußte das Eisen wo möglich fürder geschmiedet werden bis zur Glühhitze von Agincourt. Und daß auch dieses möglich war, dafür bürgen die lockenden Versprechungen des Epilogs, die doch wohl nicht Gefahr laufen sollten, vom Publicum während einer allzulangen Zwischenzeit vergessen zu werden.

Konnten aber die drei Stücke in jenem Sommer rasch hinter einander gegeben werden, so mußte die ganze Trilogie,

---

lässigeren Quellen hatte. Der poetischen Historik sind Gesetze auferlegt, die nicht ungestraft übertreten werden. Wohl hat die Dichtung ihre unveräußerlichen Rechte, aber die geschichtliche Wahrheit hat deren auch.

wenigstens in weit gediehenen Entwürfen oder vielmehr in den Hauptpartieen, schon v o r dem Sommer fertig sein. Das wird auch ein Dramatiker, der keine Zeile ausstreicht, gelten lassen. So ist es denn hiemit erwiesen, daß der Globus mit dem hiezu passendsten Stücke, mit dem ersten Theil von Heinrich IV., eröffnet werden k o n n t e, oder vielmehr, schärfer ausgedrückt, daß das Stück zur Zeit dieser Eröffnung in B e r e i t s c h a f t war: und dieser Eine Nachweis genügt, um die Wahrscheinlichkeit, von der wir ausgegangen sind, auf einen Grad zu steigern, daß sie der Gewißheit nahe kommt*).

---

*) In Verbindung mit obiger Ausführung betrachte man die Stelle im Prolog (Chorus zu Act 1) von Heinrich V.:

> But pardon, gentles all,
> The flat unraised spirit that hath dar'd
> On this unworthy scaffold to bring forth
> So great an object: can this cockpit hold
> The vasty fields of France? or may we cram
> Within this wooden O the very casques,
> That did affright the air at Agincourt?

Auf einem Theater, wo längst Heinrich VI. und Richard III. aufgeführt wären, hätten diese Worte etwas Müßiges gehabt. Ohnehin ist Blackfriars als älteres, erst zum Theater eingerichtetes Gebäude zweifelsohne viereckig gewesen, während der Globus bekanntlich ein Rundbau war; und die Commentatoren kommen daher in der Vermuthung überein, daß die erste Aufführung Heinrich's V. im Globus stattgefunden habe. Aber auch so erhält die Stelle eine noch viel passendere Bedeutung, wenn nicht bloß das Stück neu war, sondern das Theater ebenfalls. Sie würde dann besagen, man habe zwar das Mögliche gethan, der Schaulust des Publicums einen würdigen Raum zu eröffnen, aber die Großartigkeit des Gegenstandes mache alle Bemühungen zu nichte. So viel wird wenigstens behauptet werden dürfen, daß die Stelle nur auf einer frisch eröffneten Bühne ganz an ihrem Platze war: denn wenn schon eine

Die Trilogie, haben wir gesehen, war zur Zeit der Globuseröffnung fertig, in den Hauptpartieen jedenfalls. Darum können doch noch Aenderungen vorgenommen worden sein, besonders in den loser angelegten komischen Scenen. Ein Beispiel davon verräth unser Epilog. Derselbe verspricht, Sir John solle im nächsten Stücke noch einmal vorkommen, aber der Dichter hat nicht Wort gehalten. In gewissem Sinne freilich hat er es gethan: denn mit der betreffenden Scene, der Krone aller Falstaffscenen, ist das Versprechen mehr als eingelöst, und dem heutigen Urtheil muß es als ein Meisterstreich der Kunst erscheinen, den dicken Ritter zu guter Letzt in einer epischen Schilderung vorzuführen, die sein persönliches Auftreten noch überbietet; allein seinem handgreiflicher angelegten Publicum konnte der Dichter mit den Worten „with Sir John in it" nicht zu sagen gemeint sein, daß Falstaff nur noch als Gesprächsstoff vorkommen solle, wie es doch in Heinrich V. geschieht. Er muß also beabsichtigt haben, ihn noch einmal auftreten zu lassen, wiewohl er über den Spielraum, den er ihm gestatten wollte, nach dem Wortlaut des Epilogs noch nicht ganz schlüssig gewesen zu scheint; und erst bei der letzten Durcharbeitung des Stückes entschloß er sich, die vielleicht schon bereit gehaltene Schüssel mit der fetten Kost nur verdeckt aufzutragen.

Kein Zweifel, daß die Herabstimmung des Tones, die im Kreise der Falstaffsbande nach und nach eintritt, auf Rechnung der ursprünglichen Anlage zu setzen ist. Es lag dem Dichter ferne, diese Förster Dianens über Staat und

---

Reihe Hauptschlachtenstücke über diese Bretter gegangen waren, so kam die Vergleichung der Bretter mit der Welt, die sie bedeuten, doch fast etwas zu spät.

Gesellschaft Meister werden oder auch nur auf gleicher un=
erschütterter Höhe des Humors verharren zu lassen. Den=
noch wäre es erwünscht, zu wissen, was von dem Decres=
cendo schon der ersten Anlage und was den nachträglichen
Aenderungen, von welchen wir ein Beispiel kennen gelernt
haben, angehören mag.

Souverän humoristisch sind (außer der so eben genann=
ten Scene in Heinrich V.) nur die Falstaffscenen im ersten
Theil Heinrich's IV., deren trunkene Anarchie jedes mora=
lischen Bedenkens spottet. Der zweite Theil bekundet in
den komischen Partieen eine gewisse Entmuthigung. Die
innere Unmöglichkeit, auf so schwindelnd abschüssigem Steige
des Humors fortzuschreiten, drückt sich im Sinken des Tones
sprechend aus; aber die Katastrophe am Schluß ist hart
moralisch. Wie sich das Laster erbricht, setzt sich die Tugend
zu Tisch, dieselbe Tugend, die vorher mit dem Laster ge=
schwärmt hat „unter dem Mond und dem Siebengestirn
umher". Der geschichtlichen Tradition zufolge hat der Prinz,
als er König wurde, seine bisherigen Spießgesellen einfach
von sich entfernt: der Dichter thut ein Uebriges und läßt
sie einsperren. Dies ist ein Uebermaß von Tugend, das
selbst Samuel Johnson nicht verwinden konnte — gewiß
ein musterhafter Mann.

Im Verhältniß zum ästhetischen Zusammenschrumpfen
Falstaff's wachsen die gemeinkomischen Elemente, die, nach=
dem sie an ihm selbst schon hervorgetreten, ihn später in
andern Figuren zu ersetzen und am Ende haltlos zusammen=
zubrechen bestimmt sind. Dabei findet im Auftreten seiner
Umgebung, schwerlich bloß aus Zufall oder Laune, ein eigen=
thümlich rascher Personenwechsel statt. Im ersten Stücke
lernen wir Poins, Peto, Bardolph und Gadshill kennen;

im zweiten verschwindet Gadshill und der wirksame Fähn=
rich Pistol wird eingeführt; im dritten fallen Poins und
Peto aus und Corporal Nym tritt in die Lücke. In diesem
dritten Stücke räumt der Dichter gewaltig mit dem Reste
der Gesellschaft auf. Falstaff fährt hinter der Scene ab,
nur durch die Leichenrede der Wirthin erbaulich und der
Tage seines Glanzes würdig vergegenwärtigt, Bardolph
und Nym werden im Hintergrunde gehängt, und Pistol,
nachdem er gehört, daß seine Frau im Spital gestorben sei
(der Dichter ist so vornehm, sich ihrer nicht mehr zu er=
innern und sie mit Dortchen zu verwechseln), verläßt Frank=
reich mit dem löblichen Vorsatze, sich seinen Galgen in Eng=
land zu suchen.

Diese Figuren sind Lieblinge des Publicums geworden,
aber der Dichter fühlt, daß er sie in dem an Farbenpracht
sich steigernden Gemälde, so berechtigt sie auch von Anfang
an darin stehen, in voller Wirkung, dergleichen der wackere
Fluellen hat, auf die Länge nicht halten kann; zumal noch
für den König und sein Käthchen eine saftige Scene auf=
gespart ist, die keine Mitbewerbung duldet. Er schüttelt das
Gelichter nach einander ab, wobei es einen grandiosen Eindruck
macht, in einem heroischen Drama die ernsten Personen auf's
heiterste überleben und die komischen mehr oder weniger
traurig den Weg alles Fleisches gehen zu sehen. Er fühlt
aber auch, daß er ihnen oder vielmehr sich selbst Genug=
thuung schuldig ist: darum belebt er ihre Schatten noch
einmal und versetzt sie, vom großen historischen Schauplatz
abgelöst, als absolute Gebilde der komischen Muse auf jenen
verwandten Boden, auf welchem die Komödie der Lustigen
Weiber spielt.

Wenn nun der Dichter in diesem vierten Stücke sich

von der gewaltigen Arbeit der Historien erholte, so ist
dies der Natur seiner Muse ganz gemäß. Zugleich schul=
dete er den getäuschten Erwartungen in Betreff Falstaff's,
die er durch den Epilog des zweiten Stücks erregt hatte,
eine Entschädigung, und als perfecter Praktiker war er nicht
der Mann, die Gunst des Publicums für diese Lieblings=
figuren erkalten zu lassen. Trat vollends — wenn die Sage
ihr Recht behaupten soll — noch eine andere äußere Ver=
anlassung hinzu, so fand ihn diese innerlich zum Entgegen=
kommen völlig vorbereitet. Und so greift denn Alles in
einander: die inneren und äußeren Veranlassungen, die den
Dichter treiben mußten, und dazu die Sage, daß die Kö=
nigin es nicht habe erwarten können, den Falstaff noch ein=
mal zu sehen.

Niemand wird zweifeln, daß die drei historischen Stücke
den Sommer 1595 hindurch wiederholt unter einem Sturm
von Beifall gegeben worden sind. Aus der Aufnahme, die
sie gefunden, erklärt es sich, daß das dritte Stück im Herbst
nach Newington verpflanzt wurde; und daß es allein dort=
hin kam, das wird sich ebenfalls erklären lassen. Heinrich V.
ist gleichsam in dem Gepränge dieser Historien das Schluß=
feuerwerk. Es war daher von der Truppe klug berechnet,
ihn als patriotisches Hauptspectakelstück, mit angemessenem
Zuschnitt, vor das vom Globusgeräusche miterregte Vor=
stadtpublicum zu bringen, das, während Globus und
Blackfriars im Alleinbesitze der Gesammtheit dieser Zugstücke
blieben, seine ausreichende Befriedigung im patriotischen
Elemente und im Bramarbas Pistol fand.

Vollständig, so sahen wir, oder in weit vorgeschrittenen
Entwürfen, die für die Aufführung vollends ausgearbeitet
wurden, müssen die drei Stücke (vier mit Richard II.) in

der nächsten Vorzeit vor 1595 entstanden sein, in welchem Jahre noch die Weiber von Windsor hinzukamen. Ein staunenswerthes Denkmal dichterischer Thatkraft. Freilich stand der Dichter, als er über seine Nation ein solches Füll= horn voll Blüthen und Früchte ausgoß, im Wendepunkte seines dritten und vierten Jahrzehents: das Jahr der Eröffnung des Globus war sein einundbreißigstes Lebensjahr. Der Puls, der in der Tragik wie in der Komik dieser Dramen schlägt, entspricht vollkommen der genannten Lebensstufe.

Hier sind wir am Ziele der zunächst vorgesteckten Weg= strecke angekommen, die Datirung der besprochenen Dramen= gruppe ist festgestellt, und mit dem Einblick, den wir in die innere Werkstätte des Dichters thun durften, stimmen die äußeren Thatsachen überein. Nur in Einem Punkte, in der Frage von der Eröffnung des Globus durch den ersten Theil von Heinrich IV., muß die Ueberzeugung den Beweis ergänzen. Sollte diese Ueberzeugung begründet sein, so würde sich für die Geschichte des Dichters und seiner Hauptbühne der Schicksalszug ergeben, daß das Theater, das nach achtzehnjährigem Bestande durch ein hi= storisches Stück Shakspeare's in Asche gelegt wurde, auch seine Einweihung, unter glänzenden und doch nicht ganz ungetrübten Auspicien, mit einem historischen Stücke Shak= speare's gefeiert hat.